Der große
,Schwobaseckel´

Das Beste aus den
‚Schwobaseckel'-Mundartbüchern
von Mundartautor und Humorist
Wilfried Albeck

Imbressum – oder was mr wissa sott...

Texte: Wilfried Albeck

Illustration: Richard Ruckaberle

Bearbeitung und
Gestaltung: Sonja Albeck

Erschienen im: Verlag Albeck, Flein

© 2010 Verlag Albeck
Kirchgasse 14, 74223 Flein
albeck@saitenwurscht.de
www.saitenwurscht.de

ISBN 978-3-9811-4954-8

Inhalt

Inhalt

Inhalt Seite

Wer hätt au des denkt...

,dr Schwobaseckel' – mit diesem etwas gewagten Titel begann 1998 die Erfolgsgeschichte der drei ,Schwobaseckel'-Mundartbücher. Gleichzeitig war dies auch das Geburtsjahr des ,Saitenwurscht-Äquators'. Dieser verläuft mitten durch Land und Leute, immer genau da, wo Mundart gesprochen und verstanden wird und ist heute zum bekannten Markenzeichen des Autors geworden.

Nachdem ja der ,Seckel' oder auch ,Seggel' das im schwäbischen Sprachraum erwiesenermaßen meist verwendete Schimpfwort ist, war es doch nicht so abwegig, dass daraus auch in Buchform ein voller Erfolg werden könnte. So sind die ,Schwobaseckel'-Bände die bis heute meist verkauften und somit auch meist gelesenen Werke aus der Feder von Mundartautor, Humorist und Literaturpreisträger Wilfried Albeck.

Doch das Wort ,Seckel' oder ,Säckel' war in früheren Zeiten auch die Bezeichnung für den ledernen Geldbeutel, der, je nach Stand der Füllung, einem armen oder reichen Seckel gehörte. Diese Doppeldeutigkeit des ,Seckels' findet sich auch in allen Texten des Autors wieder. Er schaut seinen Mitmenschen und Schwaben frech aufs Maul, blickt humorvoll hinter die Kulissen und fühlt mit feinem Gespür tief in die schwäbische Seele hinein. Mit Wortwitz und Hintersinn trifft er das Lebensgefühl und die Befindlichkeit der Schwaben mitten auf den Punkt.

Zwischen den Zeilen spiegelt sich das wahre Leben, wie es sich eben aus der ganz speziellen Sicht des Autors zeigt. Einmal köstlich zugespitzt und herrlich pointiert und dann wieder feinfühlig, tiefsinnig und nachdenklich zugleich. Der wahre Sinn liegt auch schon mal zwischen den Zeilen verborgen, bereitet aber gerade deshalb beim erfolgreichen Aufspüren doppeltes Vergnügen.

Nun aber genug der einleitenden Worte und ganz herzlich willkommen in den Höhen und Tiefen des ‚großen Schwobaseckels'. Allen Leserinnen und Lesern wünschen wir beste Unterhaltung, viel Spaß und jede Menge Selbsterkenntnis. Wir hoffen, dass auch Sie nach Genuss dieses Buches sagen können: *„Ja – genau so isch's!"*

> *Wo liegt das größte Glück,*
> *der reichste Schatz?*
> *Wo ruht Zufriedenheit in allen Tagen?*
> *Wo findet Seligkeit den schönsten Platz?*
> *Wo hilft die Freude über alles Klagen?*
> *Wo füllt sich Körper, Seele und Verstand –*
> *in dir*
> *mein teures Schwabenland!*
>
> *Wilfried Albeck*

Vom Grüßen

Der feine Mensch, der lupft den Hut,
wenn er dich höflich grüßen tut
und sagt noch artig „guten Tag",
auch wenn er dich nicht leiden mag.

Ein anderer, der drückt geschwind
ein Küsschen drauf wie einem Kind
auf deine beiden Wangen.
Von so viel Ehrbezeugung bist
du hilflos, fast befangen.

Und wieder einer gibt die Hand
und sagt „grüß Gott" zu dir.
Du drückst zurück mit voller Kraft,
auf dass den Gruß man spür.

Der letzte aber, gar nicht fein,
der sagt dir grobe Worte,
die voller Derbheit sind und rau
und nicht von edlem Orte.

Er grüßt dich frech:
„Leck mich am Arsch!
Bisch au no uff dr Welt?"
Wohl kommt solch Gruß ein wenig herb,
doch ‚schwobaherzlich' helt.

Weiter denka

Also i moin, die schönschte Johreszeit, des isch doch s'Frühjohr. Alles treibt und blüaht, alles duftet und d'Vögela pfeifet. Noch isch's koi so große Hitz, wo mr liaber ins Haus nei wöllt. Noi, alle zieht's naus ins Freie, in Garta, in Park, ins Grüane. Richtich ognehm isch's im Frühjohr. Mr schwitzt no net so, mr hat net glei dr schönschte Sonnabrand und s'gibt au no koine Schnoka. Mr kann wunderbar an ma laua Obend naushocka und sei Viertele schlotza, ohne dass oim glei irgend so a Viech ins Glas neihockt.

Wie schö isch's doch, wenn mr sich's erschte Mol in sein Liegeschtuahl neiliega und dr Natur oifach beim Wachsa zuagugga kann. Mir persönlich geht's wenichschtens so, wenn mr au meischtens nie Zeit für so a bissle Faulenza hat.

Kaum liegt mr im Liegeschtuahl, kriagt mr scho fascht a schlecht's Gwissa, weil dr Rasa no net gmäht isch. Die zrückgfrorene Rosazweigla sott mr abschneida und von de voblüahte Tulpa ghöret d'Käpsela abgschnitta. Kaum liegt mr schtill in seim Reläxsessel, isch von Ausschpanna und Abschalta nirgends a Schpur. Dr Schwob hat jetz Gelegaheit, drüber noochzudenka, was alles gmacht ghört und scho fängt die Physis mit dr Psyche zu schtreita o. Die oi moint, mr däd die Liegestuahl-Entschpannungsidylle ubedingt braucha, die onder moint, so

könnt's net weitergeh. Liegableiba oder uffschteh, faulenza oder ebbes schaffa, schnarcha oder Ukraut felga?

Hat mr sich sei Ruheplätzle so gwählt, dass jeder Nachbr und jeder ondre Neidhammel zu oim neigugga kann, siegt leider meischtens die Psyche. War mr aber schlau und hat a Eckle in seim Garta, wo oin koiner sieht, no triumphiert die Physis. Mr schtrackt in Sessel nei und lässt dr liabe Herrgott an guata Mo sei.

Je nach Situation und Lage des Ruheplatzes kann dieser Schtreit zwischa Körper und Geischt mehr oder weniger lang daura. Hat mr a guat's Tröpfle drzua, dauert's länger, mäht dr Nachbr nebadro sein Rasa, isch's mit dr Ruah glei vorbei.

Der Schwabe braucht aber seine Abschaltphasa und sein ausgruhta Kopf, um seine schaffiche Glieder zu regeneriera. Desweg sei am Ende dieser wohl gemeinten Überlegung no an kloiner Rat mit in dr Liegeschtuahl glegt: Zum richticha Entschpanna s'Reläxmöbel immer so uffschtella, dass von außa koiner sieht, wer drinna hockt. Dann werdet viele Probleme, die vor allem bei uns Schwoba so a Nixduarei mit sich bringt, schon von vornarei schtrategisch besiegt.

Faulenza muass sei, aber bitte mit Köpfle!

s'Schneckawunder

Uff mei klois Gärtle bin i schtolz,
des isch mei Paradies,
do wächst mein Schnittlauch, mein Schpinat,
mei Bluama und Radies.

Und dass mei Sach guat wachsa kann,
do helf i mit dr Schpritza
und pfuz und nebel alles ei,
bis in die hinterscht Ritza.

Mit Schwefelsud und Nesselbrüah,
mit Schachtelhalm und Zwiebel,
mit Schtoimehl und mit Kräutertee,
do gärt's in meinem Kübel.

Voll biologisch sind die Waffa,
mit denen ich's dem Feind vodriaß,
mr will jo schließlich net bloß schaffa
und au was ernta von seim Gmias.

Doch was isch heuer, was isch los,
was isch des für ein Dreck?
Wo i au nogugg, überall
hockt so ein frecher Schneck.

Die Bieschter fresset mein Salat
und klauet meine Wicka,
voschlunzet selbscht dr Blattschpinat –
i könnt sie grad vodrücka!

Egal wo'd no dappsch, ringsumher
bäbbt glänzich heller Schleim.
Des Schneckaviech, des Lumpazeug,
des isch so hundsgemein!

Mein Bluamakohl, mein ganzer Schtolz,
den kannsch total vogessa,
denn bis i numgugg, heidanei,
do hent'n d'Schnecka gfressa.

Selbscht d'Schtangabohna obanauf
schleimt sich des Ugeheuer
und veschpert alles klitzekloi,
obwohl mir lieb und teuer.

I könnt vozweifla, heidanei,
ich werd zur wilda Sau.
Des Dreckzeug, des soll grad vorecka,
des weiß i ganz genau.

Euch geht's an Kraga, Schneckabrut,
euch werd i's jetzet zeiga,
s'wird mir gelinga, mit Gewalt,
euch hochkant nauszubeiga!

I dapp se zamma, schneid se durch
und schlag uff'd Schwänz dronei,
schtreu Salz druff, brenn n's Häusle ab
und schmeiß in Kandel nei.

Im Bier ersäufa soll sie sich,
die elend Schneckazucht,
mit Schneckakorn, do schiaß i no,
uff die, wo uff dr Flucht!

So wird nach fürchterliche Däg
die Schneckaploog votrieba
und nur an haufa Sauerei
isch schließlich übrichblieba.

Doch leider kam der Schnecken Tod
fürs Gärtle viel zu schpät,
weil von der Flora voller Pracht
koi Giebele meh schteht.

Vom einscht so dicka Kopfsalat
ragt nur dr Schtrunk no raus
und gugg i uff mein Ritterschporn,
no haut's mir d'Glotzer naus.

Grad wie Antenna schtehn mei Büschla,
koi Blättle meh, ganz näggedich.
Für jedes Gärtnerherz isch dieser
so böse Oblick fürchterlich.

Doch jetz isch guat, jetz hab i Ruah,
koi Schnecka duad meh schlunza
und duad mir meine liebe Ruah
mit ihrem Schlunz vohunza.

I lieg in meinem Liegeschtuahl,
schtreck alle viere naus
und koschte meinen Schneckasieg
voll triumphierend aus.

Doch wie i do so drinna lieg,
do fliagt mit einem Zacka
ein dunderschlechtich großer Schneck
mir pfeilgrad uff mei Backa.

Mi schüttelt's vor dem Schneckaschleim,
i schrei aus vollem Hals,
dass dieses Sauviech fliaga kann,
des glaub i keinesfalls.

Doch d'Schwoba, die sind eifallsreich
und d'Schnecka lernet fliaga,
die ganze Brut schwirrt so zurück,
bloß um mich kloi zu kriaga!

Oi Schnecka um die onder fliagt
mit Schwung uff meinen Rasa
und uff dr Schtell fängt jedes Viech
im Rasa o zu grasa.

Mein Nachbrseggel, dieser Depp,
der Dackel – dieser Frieder,
der schmeißt die Schnecka was er kann
aus seinem Gärtle rüber.

I schmeiß die Schnecka ruckzuck zrück,
der soll die Dinger bhalta.
So geht des ewich hin und her
und koiner isch zu halta.

Hasch du die Schnecka grad entfernt,
ratzfatz hent die des Fliaga glernt
(drzua braucht's au koi Windle).

Dei Schneckaplog, die wirsch net los,
im Schneckaschmeißa sind mir groß,
so geht's halt zua im Ländle!

Was mi allaweil wundert...

...dass meischtens die vom Schpara schwätzet, wo
sowieso scho gnuag hent...

...dass jeder über die viele Auto schimpft, aber
selber bis vor'd Ladatür fahra muass...

...dass selbscht d'Pazifischta Granatschplitter
essat...

...dass mr a voschmierte Wand heut Graffiti heißt...

...dass die Junge heut scho in dr Schual lernet, wie
schädlich s'Raucha isch und onnaweg blotzet...

...dass mr au vom Nixdua Hunger kriagt...

...dass mr selber immer dann die gröscht Gosch
hat, wenn's koiner hört...

Schwob sei heißt...

... in dr Wirtschaft d'Weikart von hinta nach vorne
schtudiera und dann an Trollinger bschtella.

... scho alles Werkzeug haba und trotzdem dr
Baumarktproschpekt durchgugga.

... sich an dr Natur erfreua, aber samschdagmittags
d'Behm schpritza.

... Salatsetzling kaufa, au wenn dr fertiche Kopf im
Subbermarkt billicher isch.

... in'd Küche schteh und Schpätzla macha, obwohl
mr schier koi Zeit hat.

... groß voreisa und scho nach oim Dag Hoimweh
kriaga.

... schtändich am Häusle werkla, au wenn scho
alles grichtet isch.

... a hoch's Viech sei und onnaweg Mensch bleiba.

... net immer dr Schnellschte sei, aber trotzdem
vornedro.

... net alles kriaga und trotzdem zfrieda sei.

S'dritte Weckle

Diese Geschichte könnte man auch unter der Rubrik 'Szenen einer Ehe' abheften. Doch nach meiner Meinung wäre sie dazu zu schade, denn dafür ist sie viel zu typisch. Eigentlich typisch schwäbisch, sogar, wenn die Handlung ursprünglich im Hohenlohischen stattgefunden haben soll. Ich habe mir erlaubt, sie in lesbares Deutsch umzuschreiben und etwas abzuändern, so dass sie einer breiteren Öffentlichkeit verständlich wird. Für all diejenigen, denen leider die schwäbische Sprache oder was teilweise noch schlimmer, die schwäbische Schrift unverständlich bleibt, sei wenigsten die Überschrift übersetzt:

'Das dritte Brötchen' oder halt oifacher auf schwäbisch:

s'dritte Weckle

Er: (kommt vom Geschäft heim)

Sie: *(ein bisschen schnippisch)*
        Hasch du des Weckle gessa?

Er: Was isch los? Was für a Weckle?

Sie: **Ha – des dritte Weckle!**

Er: Sag amol, was hasch dr denn heut wieder eifalla lassa? I weiß nix von ma Weckle.

Nix von ma Erschta, nix von ma Zweita und scho gar nix von ma Dritta.

Sie: *Jetz schtellsch de wieder mol blöder o, als wie'd bisch! Du muasch doch no wissa, dass du des dritte Weckle klaut hasch.*

Er: Also erschtens: Dr absolute Nullpunkt meiner Blödheit hab i bereits am Hochzeitsdag erreicht und zweitens isch mir dei doofs Weckle grad egal.

Sie: *So, dir isch des egal? Also hasch's gfressa!*

Er: Was soll i haba? I hab nix gfressa und scho gar koi Weckle!

Sie: *Ha freile, des Dritte! I hab drei Weckla in meinra Eikaufstascha ghett und jetz sind bloß no zwei drin.*

Er: In dei Eikaufstascha hab i no net mol neiguggt und erscht recht net neiglangt.

Sie: *Du schtreitsch also ab, dass du des dritte Weckle gschtohla hasch?*

Er: I schreit's net ab. I hab's net oguggt, net oglangt, net gschtohla und net gfressa. Und überhaupt, do kommt mr obends beschtens glaunt hoim und no überfällsch oin du mit so ma Scheiß.

Sie: *Und überhaupt. I find's a granadamäßiche Sauerei, dass du mir a Weckle klausch und dann au no zfeig bisch, des zuazugeba!*

Er: I weiß gar net, wie du druff kommsch, dass i dir ebbes klaua däd.

Sie: *I schtell bloß Tatsacha fescht. Mit dene drei Weckla hab i Fleischküachla macha wella, aber mit zwei Weckla kann mr koine macha. Schuld dro bisch bloß du, weil du meine Tascha durchwühlsch.*

Er: I hab nix durchwühlt! Aber selbschst wenn i hätt, i werd doch in meim eigena Haus des Recht haba, a Weckle zu essa, wenn mir's drnooch isch!

Sie: *Aber du hasch koi Recht, dass du des hinterher abschtreitsch.*

Er: I schtreit gar nix ab!

Sie: *Des isch jo s'Letschte. Grad eba hasch noch gsa, du wüscht nix von ma Weckle.*

Er: I weiß au nix von ma Weckle.

Sie: *Willsch du mi jetz voäppla? Grad eba hasch no zuageba, dass du des Weckle gfressa hasch.*

Er: I hab überhaupt nix zuageba. I hab bloß gsa, wenn i gwellt hätt, hätt i's essa könna.

Sie: *Wo soll's denn sonscht sei, wenn du's net hasch?*

Er: Was weiß denn i. Du kannsch mi doch net für jedes wildfremde Weckle voantwortlich macha, des sich aus deinra Tascha schleicht!

Sie: *Außer dir war doch sonscht koiner in dr Küch. Also hasch's!*

Er: Des isch also für dich Grund gnuag, so an elenda Vodacht auszuschprecha. Dr oigene Mo an Dieb. Ha glaubsch denn du, dass i wega so ma trockena Weckle dein Affazirkus no länger mit mach?

Sie: *Wer macht denn do den Zirkus?*

Er: So, mir langt's jetz! Du kannsch mi fünfern!

Sie: *Mir geht's überhaupt net um des Weckle. Mir geht's ums Prinzip!*

Er: Ums Prinzip? Do hasch fuffzich Pfennich, no kannsch dr a Portio Prinzip kaufa und der Fall isch erledicht.

Sie: *Für dich vielleicht, aber no lang net für mi! Was liegt mir scho an ma Weckle, wo i jetz seh, was du für oiner bisch?*

Er: Mir liegt überhaupt nix an deim Weckle. Aber dass du deshalb koi Obendessa fertich bringsch, kann i oifach net voschteh.

Sie: *Weil – weil erscht sagsch, du hättsch's gessa und no schtreitsch's wieder ab. I voschteh's oifach net, des isch doch ulogisch.*

Er: Ulogisch?

Sie: *Kannsch du vielleicht abschtreita, dass du abschtreitsch, dass du abgschtritta hasch...?*

Er: (brüllt) Ja, i schtreit's ab! I schtreit alles ab! I schtreit mei Exischtenz ab! I schtreit die Exischtenz jeglicher Weckla ab, aber i schtreit net ab, dass i mi vogessa könnt, wenn du no oimol des Wort ,Weckle' in'd Gosch nimmsch!

Sie: (heult) *Ja, ja, vogess de no. Mich hasch du jo scho lang vogessa, so wie du mit mir umschpringsch und mi schikaniersch.*

Er: I schikanier di? Bisch du ganz sicher, dass du gmoint hasch, i schikanier di? Des isch jo mol wieder typische Weiberlogig! Typisch!

Sie: *Und du mit deiner Männerlogik! Du wider-
schprichsch dr doch selber viermol in oim
Atemzug. Zerscht hasch gsa, du wüsch-
tescht nix von ma Weckle, no hasch gsa,
es sei dei guat's Recht a Weckle z'essa,
dann hasch gsa, du dädsch's abschtreita,
dass du's gessa hasch und dann und
dann...*

Er: (brüllt noch lauter) Ja, i hab dei Weckle
gfressa! I hab überhaupt alle Weckla gfressa
mitsamt dr Eikaufstasch! I fress sowieso bloß
no Weckla! I hab no nie was onders do, als
wie Weckla fressa! I bin dr Wecklesfresser!!
I geb alles zua, aber jetz gibsch a Ruah, mei
Nerva sind am End. I kann koi Weckle meh
seh. I kann des Wort Weckle nimme höra.
Mir isch überhaupt kotzschlecht vor lauter
Wecklesfressa.

Sie: *(blärrt, schluchzt)*

Er: Komm, jetz blärr doch net! Bitte, alles bloß
net Blärra. Schätzle, solla mr vielleicht a
bissle von dem Weckle schwätza?

Sie: *(unter Schluchzen)* **Wa – u – ha – du –
des...**

Er: Goldhäsle, dua doch dei Träna abtrockna.
Komm, heul doch nimme!

Sie: *(schluchzt noch mehr)*

Er: Mei Engele, mei Zuckerhäsle. Jetz heul doch bitte nimme, wo mir uns heut Obend doch so guat unterhalta hent. Mäusle, was hasch denn zum Schluss noch saga wella?

Sie: *Warum – hasch'n – du – des – gmacht?*

Er: Was??

Sie: *(schluchzt aufs Neue)*

Er: Du hasch recht. I hab's gmacht, weil i ein egoistischer, bösarticher, hinterhälticher und vofressener Wüaschtling bin!

Sie: *Ach du, du voschpottesch mi jo bloß. Du hasch des gmacht, weil du mi nimme magsch.*

Er: Also guat. I geb alles zua. I mag di nimme, i hab die no nie gmegt. I bin wüascht, gefühlskalt und brutal. I glotz ondre Weiber nooch, i schlag junge Katza dod und i fress Weckla. I geb alles zua, was du willsch. Mir isch's jetz vollends egal. Hauptsach, du hörsch mit deinra Blärrerei uff.

Sie: *I hab's gwisst.*

Er: Sag i doch.

Sie: *Ich hasse dich. I könnt di grad dodschlaga, uff dr Schtell. Du Saukerle, du*

Ehebrecher, du, du... Oh was hab i do bloß gheiert.

Er: Als druff, no weiter. Isch doch ganz klar, dass so a voschlampert's Weckle an Mord am eigena Mo rechtferticht.

Sie: *Sei bloß ruhich. I kann dei gemeines Gschwätz nimme höra. Du hasch koi Gfühl, du weisch überhaupt net, wie eine weibliche Seele empfindet. Du Grobian – hau doch ab! Deine zwei ondre Weckla kannsch au glei mitnehma!*

(Sie leert ihm die Tasche vor den Füßen aus. Plötzlich fallen drei Brötchen auf den Boden.)

Des – des sind jo drei Weckla?!

Er: (genießend) Wieso? I seh bloß zwei! Des dritte Weckle muass an Sehfehler sei.

Sie: *(total verblüfft)* **Des – des dritte Weckle muass sich ins Futter vowickelt haba.**

Er: Des dritte Weckle isch überhaupt koi Weckle. Des isch dr Geischt von dem Weckle, wo i gfressa hab.

Sie: *Oh Schätzle, Liebling, i hab dir jo so arg Urecht do. I schäm mi so.*

Er: Hoffentlich siehsch du's ei und lernsch ebbes draus!

Sie: *Ja, aber weisch, wenn du net gsa hättsch, dass du des Weckle gessa hättsch...*

Er: Jetz lass guat sei mei Honichbärle. I hab dr scho vozieha.

Sie: *I voschprech dir, dass mir uns nie wieder wega so ra Lappalie schtreitet.*

Er: Nie wieder!

(Kleine Pause. Sie überlegt...)

Sie: *Wenn i jetz recht drüber noochdenk, no kommt mir grad eba an ganz schlimma Vodacht. Waret denn eigentlich net überhaupt vier Weckla in der Eikaufstasch??*

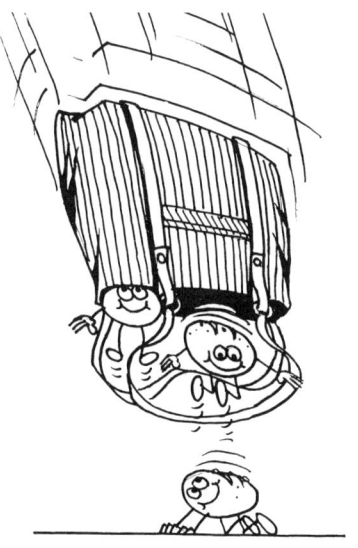

Kopfarbeit

Dr harte Meckel geht durch'd Wand
und holt sich manche Beula.
Dr harte Kerle schpürt koin Schmerz
und unterdrückt sich's Heula.

Dr schlaue Kopf, der geht durch'd Tür,
wenn's sei muass au um'd Ecka
und lässt sich von dr harta Wand
net halta und net schrecka.

Dr harte Kopf, der hat's net leicht,
s'isch gwieß koi Zuckerschlegga.
Dr Schlaule au sei Ziel erreicht
und braucht koi Wunda lecka.

Vom weicha und vom harta Kopf
wird keine Wand gemieda,
dr oine nimmt schtatt Kopf die Hand,
dr onder kommt um dr Voschtand –

so sind die Leut voschieda.

‚dr Dipfelesscheißer'

S'gibt au bei uns im Ländle Zeitgenossa, die könnet oim dr letschte Nerv rauba. Sotte, wo alles besser wissa wellet. Sotte, wo oin glei auf alles, was a bissle falsch isch, sofort hinweisa müassa. Sotte, wo ihr Gosch net halta könna und wenn's au no so nebasächlich isch. Sotte schpitzfindiche, penetrante und überflüssiche Besserwisser heißt mr bei uns im Land ‚Dipfelesscheißer'.

Kannsch du fünf net grad sei lassa,
kannsch du's überhaupt net fassa,
dass ondere voll Toleranz –
schpringsch rum wie einscht dr Veit im Tanz.

Ganz genau muass alles sei,
schtimmt was net, gibt's glei a Gschrei.
Fehlt der Tüpfel auf dem ‚i',
hopfsch rum wie grupftes Federvieh.

Prompt gibsch du deinen Scheiß drzua
und gibsch net uff, erscht recht koi Ruah.
Bis in die kloinschte Kloinichkeit
duat sich dei Hirn vorenna
und liegsch au schief bisch net bereit,
selbscht Farbe zu bekenna.

Dr Dipfelscheißer selber macht
natürlich nie an Fehler.
Er schpielt sich uff und macht sich groß
als Muggaseckel-Quäler.

Er sieht nur des, was net ganz schtimmt,
was fehlt oder zuviel.
Doch s'große Ganze sieht er net
und trifft erscht recht koi Ziel.

Find er mol nix um sich zu wetza,
koin Grund, um glei drufflos zu hetza,
wird aus dr Mugg koin Elefant,
zweifelt er fascht scho am Voschtand.

Find er an ,i' ohne an Dipfel,
no isch er ruckzuck uff'm Gipfel,
dann isch sei Welt zurecht gerückt,
weil ihm ein großer Fang geglückt.

Dipfelesscheißer – ohne di
wär's Leba fahl und grau.
Komm, schtülp dei Wissa über mi
und mach den Dumma schlau.

Bloß a paar...

„Mach des Johr bloß net so viel", hab i zu meinra Frau gsa, *„letschtes Johr hasch doch wieder an haufa in dr Mülloimer pfeffert!"* *„Zehn Schtück sind doch net z'viel"*, hat sie sich entrüschtet, *„a paar wird mr doch no macha dürfa, schließlich braucht mr ebbes in'd Neschtla nei!"*

Ganz ehrlich, an Oschtern isch's doch jedes Johr s'Gleiche. Die Fraua moinet, sie müasstet die gröschte Eidünschthäfa voller Eier abkocha. Es beschteht so ebbes wie'n innerer Zwang, dass mr von jedra Farb net weniger wie zehn Schtück haba muass.

Alle Kinder und Enkela werdet an Oschtern mit Neschtla grad so überhäuft, dass oim alloi scho vom Ogugga schlecht werda könnt. Schokladhäsla, selber backene Bisquitbibela, giftgrüa gfärbte Holzwolle und die ganze Palette von bebbiche Oschterguatsla. Aber untadrin, drzwischa und obadruff liagt s'Beschte: Jede Menge selber gfärbte Oschtereier, teils mit, teils ohne Häslesuffbebberla, aber alle mit mehr oder weniger viele Mäckla.

Die Kinder machet sich natürlich – falls se die Neschtla vor'm Hund findet – glei über die Schokladsächla her. Bis an'd Ohra num werdet die kloine Göschla voschmiert. *„Esset net so viel Schleckwar, d'Mama hat kocht!"* Doch in dr heißa Phase eines akuta Schleckofalls könnt mr sich so'n Hinweis uff baldige Nahrungsaufnahme schpara. Vor lauter Mampferei isch nämlich dr Gehörsinn außer Kraft gsetzt, weil Schoklad taub macht.

Doch net oi Kindle schnappt sich so a herrliches, handvoedeltes Hühnerprodukt. Oschtereier sind out, megaout sogar! Bloß isch diese Tatsache dene Mütter und Omas, dene Patatanta und dr ganza übriga weiblicha Vowandtschaft grad egal. Wen intressieret an Oschtern au Tatsacha, wo mr doch alles so schö vorbereitet und hübsch dekoriert hat und a paar dutzend Eier oifach zum Oschterfescht drzua ghöret?

Wobei mr sich scho Gedanka macha sott, wie des möglich isch, dass genau rechtzeitig zu de Feschtdäg all die Eier überhaupt glegt sind. Wie uff Kommando müasset doch die Batteriehüahner a schnellfeuergewehrmäßige Massaproduktion aus'm Hinterteil drücka. Wahrscheinlich kriagt des arme Federvieh a ordentliche Portio ,Oschtertröpfla' ins Fuadr nei, damit's besser hintanaus flutscht.

Eierfärba hat Traditio und Traditio isch was Schönes. Aber was soll mr macha, wenn koiner mehr die furztrockene, hartkochte Traditionsböbbel will? Die Kinder, die mr so überreich mit dene bunte Koleschterinbömbla beschenkt hat, gebet großzügich und gönnerhaft diese Fruchtbarkeitssymbole an ihre Eltern weiter. Net, weil sie vielleicht gern no a Gschwischterle hättet. Noi, sie möget halt oifach

koine schtink normale Eier meh, weil, wie scho gsa, Eier eba out sind!

So muass mr sich nach a paar hartkochte Däg überlega, wie sich die gfärbte Pracht am beschta vor'm Voderba retta lässt. Dr Gipfel der Genüsse isch dann jedes Johr so ugfähr zwei Wocha nach Oschtern der legendäre Eiersalat. Wobei des Rezept für diese Köschtlichkeit überhaupt koi Geheimnis isch. Mr nimmt so zirka zwanzich bis dreißich noch guat aussehende öschterliche Überbleibsel, schält diese und prüft vorsichtshalber uff schtechenda Geruch. Dann schnibbelt mr se kloi und schmeißt die Breggela in a Schüssel nei. Jetz no a bissle Salz, Pfeffer, Essig, Öl, a Löffele ghackte Zwiebel und a wenig Majonäs drzua und fertich isch eine Gourmet-Leckerei nach dem Motto: Bloß nix vorecka lassa! Nach diesem ultimativa Feschtmahl werdet aber uvozüglich alle noch im Kühlschrank vobliebene Salmonellabrutschtätta in Mülloimer gschmissa und am beschta gleich ins Freie nausgschtellt.

Ogeblich hat mei Frau bloß zehn Eier abkocht – ugfähr vierzich voschenkt und die reschtliche dreißich im Kühlschrank glagert. I will jetz natürlich meinra bessra Hälfte nix Böses unterschtella, doch bei dieser rasanta Vomehrungsrate komm i scho a bissle ins Schleudern.
Vielleicht isch doch was dro an diesem landesweit vobreiteta Irrglauba, dass dr Oschterhas die Eier legt, aber i glaub fascht, bei uns drhoim kommt dr Karnickel…

Kloine Ursacha

Die Schmaismugg brummt,
i hör se komma,
eba hat se d'Kurva gnomma.
Scho hockt sie no, grad uff dr Käs,
des mag i net, do werd i bös.

Mit affaschneller Handbewegung
erhält die Tischdeck Rotweiprägung.
Der Schmaismugg isch des grad egal,
die Rädleswurscht isch erschte Wahl,
do lässt se sich jetz nieder.
Scho fährt se ihren Rüssel naus,
mir fährt's durch alle Glieder.

Du dunderschlechtich blöde Mugga,
muasch du mei Lieblingswurscht voschpugga?
Des leid i net, i werd brutal,
mei Wurscht, die saut im freia Fall
grad uff dr Teppichboda
und von dr Tischkant dröpfelt ab,
dr letschte Rescht vom ,Rota'.

So, jetz isch dr Hunger fort,
denn Wuat erfüllt mein Maga.
Des Scheißviech schlag i dod, i schwör's,
i geh em an dr Kraga.

Die Mugga sirmelt um mi rum,
i moin grad, die hält mi für dumm

und macht mr's grad zum Bossa.
An'd Wand no schpritzt dr Fleischsalat
als wäret's Sommerschprossa.

Jetz do guck, am Lampaschirm,
do hockt des Viech, des blöde.
Die Lampaschal kriagsch als Ersatz,
des Gschtell, des lässt sich löta.

Do endlich isch se an dr Wand,
do kann i se guat klatscha.
Jetz nütz i aber dr Voschtand
und au dr Muggabatscher.

Die Mugg isch hie, des hätt i gschafft,
des halbe Gschirr dahingerafft,
dr guate Wei voschütt.
Leicht brodelt noch mein Magasaft,
so nimmt mi alles mit.

Mei Frau kommt rei
und frogt gradaus, ob i no sauber wär,
vor so ma Müggle zu rotiern,
grad Tisch und Wand so zu voschmiern
und schmeisst dr Putzlapp her.

Die nägschte Mugga weiß i gwieß,
do schtellt sich koiner quer,
drvo bin i net abzuhalta –
voschiaß i mit'm Gwehr.

Unbezahlbar...

...ein angenehmer Händedruck,

...ein freundlicher Blick,

...eine nette Geste,

...ein sorgender Gedanke,

...ein liebes Wort.

Es sind die kleinen Dinge, die den Tag ausmachen, die uns erfreuen und stärken. Auch ein großes Geschenk, ein toller Blumenstrauß, glitzernder Schmuck, ein schönes Kleidungsstück und viele andere Dinge können uns Freude bereiten.

Und doch liegt in den kostenlosen Kleinigkeiten ein ganz eigener, unbezahlbarer und kostbarer Wert.

Diese Geschenke kommen ohne Umwege aus dem Herzen.

Ein-Blick

Wie viel Farben hat das Glück,
das dir heute lacht?
Hast du im glücklichen Moment
schon mal daran gedacht?

Verliebt siehst du das helle Rot
der Liebe auf dich fallen.
Wird tiefe Treue dir erfüllt,
so leuchtet Blau aus allem.

Das satte Grün taucht dein Gemüt
in hoffnungsvollen Schimmer.
Ein jedes Glück strahlt Farbe aus –
beständig starker Glimmer.

Die Farben sind ein Teil des Lichts
und keine malt alleine.
Millionen Farben hat das Glück –
wir sehen oft nur eine.

Mit dr Zeit wird mr genial

Zeit isch doch was Relatives. Meischtens hat mr drvo relativ wenich, weil mr ebba immer relativ viel vor hat. Zeit isch net fassbar. Theoretisch scho und mit dr Uhr oder so, aber halt net wirklich. Onnaweg muass mr manchsmol an haufa Zeit mitbringa.

Zum Beischpiel, wenn mr beim Dokter hockt, im Wartezimmer. Bei de meischte werdet zwar Termine voteilt, aber au bloß, dass se voteilt sind. Weil, wenn mr, wie sich's ghört, ganz pünktlich zu seim Termin kommt, no isch doch garantiert scho grammelt voll mit lauter Leut, die wo no vor dir ihrn Termin hent. Wenn du no frogsch, warum des so isch und wie lang's no dauern könnt, no kriagsch du hundertprozentich zur Antwort, dass do an Notfall drzwischakomma sei, aber dass es jetz zügich nore geh däd.
Zügich – nore geh – däd. Ja was um alles in dr Welt soll denn in ma Wartezimmer zügich sei? Also, wie mr zügich wartet, weiß i beim beschta Willa net. So wartet mr und wartet und gibt die Hoffnung net uff, dass mr glei dr Nägschte wär…

A Weile hockt mr oifach so rum und guckt d'Füaß und d'Schiboi von de ondere Patienta o. Mr räuschpert sich und kontrolliert seine Fingernägel. A Weile halt. Dann holt mr sich so a Blättle, die wo sonscht nirgends rumlieget wie grad bloß in de Wartezimmer, ‚Herz der Frau' oder ‚dr goldene Schuss' und

so Zeigs. Lauter Illuschtrierte, wo oin net intres-
sieret, aber mr liest's halt. Welche Diät mit Sicher-
heit zum Erfolg führt. Wobei sich die Frage schtellt
für wen? Und welche Königshäuser sich grad an
neua Hund o'gschafft hent. Lauter Käs.

Nachdem mr dann diese wichtiche Informationa
intus hat, sitzt mr a Weile wie apathisch do. Grad
wie vosunka und denkt nix – ehrlich gar nix. Bloß dr
Zeitvoluscht nagt unaufhörlich an oim. Jetz schnauft
mr amol deutlich hörbar uff und secht guat wahr-
nehmbar, aber mit sichtlich geschpielter Zrückhal-
tung: „Heit geht's mol wieder überhaupt net nore!"
Jetz probiert mr's mit a bissle Konversatio. A bissle
halt und über so gehaltvolleThema wie zum Bei-
schpiel: S'heutiche Wetter, s'Gwitter von letscht
Woch oder die Hitz, wo sie jetz bringet. No isch
wieder Ruah. Mr holt sich s'zweite Mol so a Blättle,
wo mr zwar scho mol glesa hat und liest's noch
amol. Bloß viel intensiver!

Ja und gänzlich uerwartet und grad mittadrin im
siebzehnta Teil vom schpannenda Fortsetzungsro-
man ruaft oin d'Arzthelfere urplötzlich uff und mr
derf endlich ins Schprechzimmer nei. Endlich
gschafft! Doch dort hockt mr no a ganze Weile in dr
innera Warteschleife, bis dr heiß ersehnte Dokter
schließlich irgendwann au durch die fünf ondre
Schprechzimmer durch isch.

In dr Zwischazeit schtudiert mr hälinga sei eigene
Patientaunterlaga, die scho uff'm Schreibtisch
lieget. Aber vokehrt rum, weil mr sich nämlich
s'Rumdreh net traut.

Uff oimol geht d'Tür uff und dr Dokter steht vor oim, strahlendweiß und in vollschter Größe. Was oim fehla däd, wird mr gfrogt und mr vozählt und deutet em alles. Mr beschreibt genaueschtens, was mr hat und was oim vielleicht guat do däd und voschrieba kriaga sott. Ja und ums Numgugga bisch du wieder drauße, bloß um a klois Zettele reicher.

Jetz hat mr sich also schtundalang rumdrückt, hat d'Zeit dodgschlaga und d'Arschbäckla voklemmt und alles für oi so a klois Rezeptle, wo druffschteht, was mr selber eh scho gwisst hat, aber eba bloß dr Dokter uffschreiba derf. Do drfür kann mr in dr Apothek dann au no s'meischte selber zahla – wega dr Koschtadämpfung.

Dr Mittag isch rum, s'Geld bisch los und irgendwie könntsch grad dronei schlaga. Ja und ganz insgeheim, do wirsch du schtark und du willsch des beim nägschta Arztbsuach nimme mitmacha. Weil, wenn dir wieder mol ebbes fehlt, scho beim nägschta Mol, do machsch du des ganz onderscht. Do simuliersch du und gehsch direkt nei zum Arzt – als Notfall! Des wär doch an genialer Eifall. Do hätt sogar dr Einschtein sellchsmol koin bessern haba könna.

Bloß isch's mit dene geniale Eifäll eba meischtens so, dass es halt oifach nur Eifäll bleibet – also rein in Gedanka und relativ, weil mr's eba bloß immer theoretisch und leider nie praktisch do däd.

Und so bleibt's, wie scho so oft, wieder mol bei dr altbekannta *,Relativ-i däd's-Theorie'*.

So kann's geh

Heut hab i scho dr ganze Dag
a komischs, uguats Gfühl.
Mir geht's so recht im Ranza rum,
wie Wasserorgelschpiel.

Schier kottrich isch mr's, richtich blöd
und bleich sind meine Wanga.
Schpucka hab i no net gmüasst,
i werd mi wieder fanga.

Doch plötzlich drängt mi's uff dr Klo,
i glaub, jetzt wird mir übel.
I schrei no schnell nach meinra Frau,
dass se mir langt dr Kübel.

Bloß, als se mir dr Oimer bringt,
do bin i ganz scheniert
und sag: „Bring gschwind a frische Hos –
i hab umdischponiert!"

S'isch wieder Muttertag!

Als ob's net ab und zua mol Glegaheit gäba däd, dass mr seinra Frau a paar Blüamla mitbringa könnt. Wie groß wär die doch Freid, wenn mol so ebbes ganz Uerwartetes bassiera däd. Aber noi, bloß an Muttertag gilt's, do muass mr, ob mr will oder net. An diesem vorprogrammierta Feierdag schteigt die weibliche Erwartungshaltung ins nahezu Ubeschreibliche. Jede pfupfert, wann denn endlich des ersehnte Küssle und des heiß begehrte Schträußle kommt. Doch wehe, mr hat männlicherseits do drfür koi Gschpür und zögert die Liebesbezeugung und Gratulation z'lang naus oder mr vogisst gar dieses, für a harmonische Ehe so wichtiche Datum. So schnell kann mr gar net denka, wie do dr Haussega ins Wanka kommt. Ein vogessener Muttertag schlägt au in ein ansonscht schtabiles partnerschaftliches Fundament die furchtbarschte Löcher. Do isch scho im Mai so viel Heu hunta, dass's fürs ganze Johr hebt.

I geb jo zua, dass i selber diesen Schicksalsdag, an dem sich praktisch die weitere Zukunft von ra Ehe entscheida kann, au scho schier vogessa hätt. Was umso schwerer wiegt, weil i jo als Gärtnermeischter alloi scho beruflich mit diesem Thema vorbelaschtet bin. Wo i mein, aus weiblicher Sicht uentschuldbares Vobrecha aber endlich gmerkt hab, wollt i mi gschwind ohne viel noochzudenka aus der bösa Situation rausschwätza. Leider war des die schlechteschte Möglichkeit, so a Untat wieder guat zu macha. Denn wo i zu meinra Frau gsa hab:

„Schätzle, jetz schtell de doch net so o, du bisch jo schließlich net mei Muadr!" hent sich ihre Auga blitzschnell zu furchterregende Schlitz zammazoga, aus dene haufaweis giftiche Pfeil uff mi abgschossa worda sind. Der Dag war gloffa und die folgende Woch glei mit!

Ums Numgugga bin i ins nägschte Bluamagschäft gsaut und hab s'schönschte Schträußle gholt, aber sie hat des herrliche florale Meischterwerk durch ihre Sehschlitz leider net wahrnehma könna. I war leicht schockiert, aber mei Gehirn hat trotzdem weitergschafft. Scho am nägschta Morga hab i neba ihr Kaffeetässle a nettes Kärtle nogschtellt. Mit Herzla und Rösla und lauter so Sächla druff, wo normalerweis a weibliches Wesa voll druff abfährt. Doch au diese wohlgemeinte Aufmunterung hat mei Gattin net recht erreicht. Scho obends hab i des teure Kärtle im Altpapier entdeckt.

In sotte hartnäckige Fäll isch guater Rat teuer und die übergroße Schachtel voller echter Konditor-Pralina war's au. Wie zufällig hat mei Ehehälfte die köschtliche Schleckerei obends unter ihrem Nachthemdle gfunda. Aber sie muass scho so müad gwä sei, dass sie nix meh hat saga könna. Doch am nägschta Morga sind mir schiergar d'Glotzböbbel nausgfalla, wo meine Kinder ihr Veschperbox mit Luxuspralina vollgschtopft hent. Mein Kaffee hab i meinra Schtimmung entschprechend schwarz nundergschluggt und hab gar nix meh gschwätzt. Aber in mir sind ernschthafte Zweifel an der Gerechtichkeit der Welt uffgschtiega: *„Was hab i bloß falsch gmacht?"* oder *„Was soll i jetz bloß macha?"* oder *„Bin i wirklich so ein Saudackel?"*

I hab mi oifach nimme auskennt und mi ernschthaft gfrogt, ob wohl überhaupt irgendoin Mo die Gefühlswelt seinra Frau durchblicka kann. Sollte dieser Muttertag eine solch tiefe Bedeutung im Seelaleba einra Frau haba? Isch dr Muttertagsschtrauß des Balsam der weiblichen Psyche? Isch die muttertägliche Ehrbezeugung des Schlafmittel der Hausdracha? Immer tiefgründigere Vomutunga hab i ogschtellt, jedoch ohne uff die Lösung dieses Problemfalls zu komma.

Also hab i gar nix meh gmacht, oifach, weil i denkt hab, s'däd sich alles wieder von alloi richta. Mr votraut auf das Guate im Menscha und auf die Selbschtheilungskräfte von mehrmaligem, freiwilligem Gschirrabtrockna und Schtaubsauga. Des Durchhaltevomöga der Fraua isch aber erschtaunlich, und wenn's um an vosauta Muttertag geht, sind manche drvo sogar uerbittlich.

Aber dann, wie aus heiterem Himmel scho a paar Däg schpäter isch mei Gattin ogschprunga komma. Sie hat mi drückt und mir an dicka Kuss geba. Sie däd mich so arg mega und i sei gar koi so'n schlechta Kerle. Welche wundersame Wandlung, alles war wieder in beschter Ordnung. Mr muass bloß a bissle Geduld haba und die meischte Dinge im Leba reglet sich von ganz alloi!

Dass se in ihrer Bschteckschublad zwei Flugtickets für'n Kurzurlaub uff Ibiza gfunda hat, dürft mit dieser plötzlicha Umschtimmung sicher nix zum do haba...

dr Schwobaseckel

Es isch koin Mangel, liabe Leit,
in unserm schöna Ländle
an waschechte Charakterköpf –
in jedem schlägt sei Schtündle.
Wo er sich wohl berufa fühlt,
für Großes auserkora
und sei's au bloß für sich drhoim
und net für fremde Ohra.

Oft langt's em, wenn er selbscht sich freut
an dem, was er grad ausgeheckt
und sich hinter seim Geischtesblitz
am allerliabschta selbscht voschteckt.

Ja, so oiner isch dr Karle,
mr sieht's em o scho an seim Meckel,
dass er, des könnt ihr ehrlich glauba,
isch'n echter Schwobaseckel!

*

S'isch neulich gwä, s'war sonnich lau,
a schöner Juniobend.
Die ganze Nachbarschaft vor'm Haus
bei Bier und Schorle labend.

Uff oimol kracht's und lärmt's und duat's,
mr guggt sich o mit große Auga.
Dr Saukrach, der bedeut nix Guats,
selbscht d'Putzhilf, die hört uff zum sauga.

Dr Karle, dieser Dunderwetter,
der schpritzt bei schönschtem Grillwurschtwetter
sei Gärtle mit dr Motorschpritz,
bläst num, egal, ob ebber sitzt.
Dr Dreck, dr Schtaub und schwarze Läus,
auf jeden Fall dr ganze Scheiß,
mittadrauf uff'd Hausterrass,
a mancher wird scho leichablass.

Dr Nachbr links fängt o zum brülla,
sei Bierglas däd mit ‚E' sich fülla
und Nachbre rechts, die kriagt'n Schlag,
weil se grad heut am Vormittag
alle Fenschter putzt und gwäscha,
des Geschäft, des könnt se jetz vogessa.

Die Schpritzbrüah läuft in Trialer nunder
und jeder Schnarcher wird jetz munter.
Mr droht und fuchtelt, schreit und brüllt,
doch des nützt nix, denn halb gefüllt
isch noch der Schpritze Giftbehälter –
die Brüah muass naus und vorher hält'r
mit seinra Schpritzerei net inne,
des käm dem Karle nie in Sinne.

Als no sei Giftle isch vobloosa,
do fegt er noch Terrass und Rasa
schnell mit'm Luftgebläse blank,
dann schtellt er ab – oh Gott sei Dank.

Die Nachbrschaft isch längscht verzoga,
in'd Häuser nei und d'Fenschter zua.
Dr Karle denkt, was isch bloß heut
doch für a wundersame Ruah.

Er guggt in sein gepflegta Garta,
koi Blatt, koi Schtäuble isch zu seh,
doch nebadro bei seine Nachbern,
do sieht's fei aus, do isch's net schö.

Ja, so geht's zua mit unserm Karle,
er duad und macht grad wie's em gfällt
und schert sich, fascht wär's zum beneida,
um nix und niamerds uff dr Welt.

*

Als letscht sein Schulfreind gschtorba isch,
so vor ma halba Johr isch's gwä,
do hat mr'n net uff dera Leich,
sondern drunt im Besa gseh.

Dr Besawirt hat'n glei gfrogt,
warum er net am Friedhof wär,
wo doch dr Gottlob, der Voblichne,
sein Nebasitzer gwäsa wär.

Do moint dr Karle wiascht und derb
und gar net uff die Feine:
„Weisch, wenn i heut mol schterba muass,
geht der au net uff meine."

*

Im letschta Frühjohr, was i sag,
saumäßich war die Wühlmausplag,
und s'Landratsamt, des hat vokünd,
wer solche blöde Nager find,
der soll sofort die Schwänzla bringa,
um diese Plage zu bezwinga.

S'gäb fünfzich Pfennich, Schtück für Schtück –
do denkt dr Karl: „Des isch mei Glück!"

Denn koiner von de gscheite Herra
war auf dem Kerl sei Schläue gfasst.
Ja, dene Bürokratasimpel
hat er doch voll oine vopasst.

Denn als vokündet war'm Blättle,
dass Wühlmausschwänzla ebbes bringa,
do hat er, unser Schwobaheld,
uff oimol wieder könna schpringa.
Hat bohrt und ghämmert, gsägt und gfeilt
und hat sich dunderschlechtich b'eilt,
um sich im Keller superschnell
zu zimmern hundert Wühlmausschtäll.

Gezüchtet hat er wochalang,
die lange Schwänzla abgezwickt
und uffgschpart für oin großa Gang –
ins Gfrierfach obanei gedrückt.

Schwanzlos hat er dann die Viecher
(vor allem d'Männla schpringa lassa)
nachts und ebbes weiter weg
in'd Obschtbohmschtückla – net zum fassa.

Zweimol volängert wurde sie,
die Wühlmausschädlings-Fangperiode,
weil uwahrscheinlich viele Nager
brachtet die Obschtbehm jäh zu Tode.

Am Ende dieser Züchterzeit,
do hat dr Karle sich fei gfreit.
Hat ausgeleert die tiefgekühlten,

doch jetzet bis zum Rand gefüllten
Eisschrankfächer und gelacht,
was er heut für Saubossa macht.

Guat vopackt in feschte Tascha
will er die Ämtler überrascha.
Mit dieser Zahl an Nagerschwänzen
kann er im Guiness-Buche glänzen.

Fascht eine Schtunde musst er zähla,
dr Amtsmo – beinah wurd ihm übel,
denn mehr und mehr der glatten Schwänze
verschwandet in des Amtes Kübel.
Achtzehnhundertzwölf Mark fuffzich
gab's für vierzehn Wocha Zucht.
Grinsend nahm dr Karl des Bare,
das amtlich ganz genau vobucht.

Nur ein Vomerk war kurz zu lesa,
im Blättle in dr nägschta Woch,
dass nun im Landgemeindesäckel
klafft ein uerwartet Loch.

Und dass des Mittel der Vergütung
war beschtimmt die falsche Wahl,
denn trotz Rekord an Wühlmausschwänzen
sei geschtiega deren Zahl.

*

Doch oimol wendet sich die Lage,
des Schicksal schlägt erbarmungslos –
Genialität wird dann zur Plage
und schtellt den harta Kämpfer bloß.

S'ging neulich selber mol ans Leder
dem Karle, diesem Missetäter,
denn vor lauter Bauernschläue
schtellt er sich selber nun das Bein,
auf dass er's bitterlich bereue,
so elend war er und so klein.

Ein Los hat er im Wald geschteigert
und scho die ganze Woch lang gschafft
und hat jeds Äschtle und jeds Zweigle
mi'm Leiterwägle hoimwärts grafft.
Do hat er gschpaltet, gsägt und gschichtet
und so sein Wintervorrat grichtet.

Bloß dann am End, wo er scho fertich,
do hat er ehrlich nimme könna,
so hat's an ploogt und bohrt und gschtocha
in jedem oinzla Knocha drinna.

Nach dr guata Rheumasalbe
hat er sich dann nachts no bsonna –
eigeschmiert, so hat er denkt,
häb er dr Schloof bald wieder gwonna.

Die Tube, hat er sicher gwisst,
die schteht im Badezimmer drin.
„I mach koi Licht" – im Schpara liegt
des Schwoba Eigensinn.

Im Dunkla nach dr Tuba glangt,
sich eigschmiert, oh wie duad des guat.
Die kräftich scharfe Dämpfe machet
glei schmerzfrei bis uff's Bluat.

Doch oh weh, am nägschta Morga,
sind no viel größer seine Sorga.
Wie er's au oschtellt und probiert,
er kommt net aus'm Bett.
Do liegt er drin, wie betoniert,
drneba sei Babett.

Die lacht und sagt: „Du Allmachtsbachel,
hasch nimme alle in dr Kachel,
isch dei Gehirn scho so voschwomma,
dass du zum Schmiera ‚Pattex' gnomma?"

*

Schwabenechte Schadafreude
machte wochenlang die Runde.
Oh voreck, doch wirklich wahr,
selbscht dem Tapf'ren schlägt die Schtunde.

Zum Schluss bloß ois, i bin fascht sicher,
a jeder Topf find seinen Deckel.
Doch unser Karle isch und bleibt

dr absolute Schwobaseckel.

Wohl dem, der ihn besitzt

In trüben Zeiten hilft der Spaß,
er lässt uns ausgelassen sein.
Spaß zu haben, sich zu freun,
hilft allenthalben ungemein.

Immer Spaß, versteht man kaum,
nur immer lachen, kann man nicht,
auch wenn der Spaß uns gern verführt,
auf Dauer spaßig ist das nicht.

Der Witz pickt sich ein kleines Stück
des prallen Lebens nur heraus,
setzt seine Pointe obendrauf,
lacht unverhohlen gradeaus.

Im Witz kann man sich lustig machen,
zieht boshaft über alles her.
Ob alles witzig, alle lachen –
wer weiß, stets witzig sein ist schwer.

Ob Spaß, ob Witz – die beiden sind
von kurzer Lebensdauer.
Ob Witz, ob Spaß – Vergänglichkeit
liegt beiden auf der Lauer.

Man hat ihn oder hat ihn nicht,
er ist der Schwung des Lebens,
und ohne – wär man nur ein Wicht,
bemühte sich vergebens.

Er ist die Gabe, die du brauchst,
das Salz, der Senf, die Würze.
Er ist das wahre Stundenglas
für deines Lebens Kürze.

Mit ihm lässt sich die Wahrheit sagen,
so, dass man sie versteht.
Mit ihm lässt sich ein Schmerz ertragen,
der ohne kaum vergeht.

Er führt, sofern man ihn besitzt,
zu Jahren voller Glück
und zeigt sich, falls man ihn erspäht,
in deiner Augen Blick.

Er ist dein Freund an allen Tagen,
weil er von innen kommt und nicht zu kaufen ist.
Mit ihm bestehst du alle Lebenslagen,
weil du mit ihm stets ein Gewinner bist.

Humor – das ist das Zauberwort,
voll mit Humor, so lacht ein jeder Tag.
Humor – er trägt dich leicht an jeden Ort,
an den man ohne nicht zu denken mag.

Humor – das ist es, was du brauchst,
sei dankbar, wenn du ihn dein Eigen nennst.
Hast du ihn nicht, so pass gut auf,
dass du ihn, wo er sich auch zeigt, erkennst!

Die schwäbische Brille
oder
die drei Fenster zur Schwabenseele

Der Schwabe sieht sein Heimatland
aus ganz besondrer Sicht.
Sein optisches Gerät dazu
ist schwabenmäßig schlicht.

Sein Brillenfabrikat bezeugt
auf ganz geniale Weise
den schwäbischen Erfindergeist –
doch heimlich still und leise.

Er braucht die Lupe nicht von Zeiss,
auch ein Monokel nicht.
Er braucht das Fernglas nicht dazu
für seine eigne Sicht.

Drei Fenster hat sein Sichtgerät,
nicht zwei, wie's üblich ist.
Doch eben diese Überzahl,
die ist des Schwaben List.

Das erste Fenster lenkt den Blick
auf all die Schönheit ringsumher
und gibt verborgne Winkel frei –
durch diese Öffnung sieht man mehr.

Das zweite Fenster zeigt die Kraft,
die hier im Land aus allem dringt,
die jeden Halm und jeden Stein
zum Leuchten und zum Funkeln bringt.

Durchs dritte Fenster dringt die Freude
direkt in unsre Herzen ein
und schenkt ins Stundenglas des Lebens
uns die Zufriedenheit hinein.

Welch Zauberbrille kann es sein,
die solcherlei bewirkt,
doch deren wundersame Wirkung
vieltausendfach verbürgt?

Nicht aus Metall und nicht aus Glas
ist unser Schwaben-Sehgerät,
und nur ein Schwabe kann es sein,
der dieses Wunder auch versteht.

Ein Hefeteig formt das Gestell,
der Überzug aus braunem Lack,
das ganze knusprig, rösch gebacken
verführt Geruchssinn und Geschmack.

Der Bäckerzunft sei dreifach Lob,
die solche Brille hat erfunden.
Wir schauen dreimal noch hindurch
und lassen uns die Brezel munden.

Tapetawechsel

Wenn du noch nie koin Ehekrach ghett hasch, au nach zwanzich Jahr no net, no läuft irgendebbes garantiert net richtich. Zu ra richtiga Ehe ghört nämlich au mol an Krach, weil so an Krach, der hat au was Guat's. Er klärt uff jeden Fall die Positiona und er reinigt die Luft. Mr weiß, wie mr dro isch und kann hinterher wieder viel freier atma.

Aber es soll so Muschterehepärla geba, die no nie an Krach und no net amol an Schtreit ghett hent. Des isch aber net normal, weil dann nämlich aller Ärger, aller Unmut und ogschtauter Fruscht immer bloß nundergschluggt wird.

Es gibt aber ebbes, des selbscht die hartgesottendschte Pazifischta aus ihre wattegepolschterte Ecka holt. Und zwar dann, wenn zwei so innich Liebende, zwei so absolut Sanftmütige – also zwei so emotionslose Trialer amol vosuachet, mitnonder a Zimmer zu tapeziera. Weil do drbei kann sich die schönschte Harmonie blitzschnell ins grade Gegateil umschlaga.

Die Schwoba sind net geizich, höchschtens a bissle phäb und sie lebet net vom Schpara, sondern vom Net-Ausgeba. Doch nach guat zwanzich Johr sott mr halt sei Wohnung wieder mol a bissle uff Vordermann bringa und vielleicht ebbes Frisch's an'd Wand nobebba.

Bereits die Entscheidung, dass mr neu tapeziert, aber vor allem die Auswahl des Benötichten schtellt die Geduld uff a schwere Probe. S'gibt jo heut so viele Müschterla und Qualitäta, dass es natürlich scho schwer fällt, die richtige Wahl zu treffa. Letschtendlich hilft aber dr Preis, bsonders dann, wenn's an supergünschticha Reschtposchta isch. Mr hat natürlich vorher genaueschtens ausgrechnet, wie viel Tapetarolla mr ugfähr braucht, net dass nochher z'viel übrich bleiba däd. Au der garantiert nicht klumpende Kleischter wird genauso knapp eikauft, aber dann kann's endlich losgeh.

In dr Wohnschtub hat mr alle Möbel in'd Mitte gschoba und so guat's geht mit Foliabreggela abdeckt. Während dr Mo sich vom Nachbr dr Tapeziertisch ausleiht, rührt sei Frau solang dr erschte Oimer mit Kleischter o. Nach drei Minuta eirühra hat des Bäbbzeugs aber immer no lauter Bolla, obwohl mr ganz beschtimmt au alles genau nach Vorschrift gmacht hat. Die alte Tapeta sind scho letscht Woch relativ mühelos abganga, und die Schtella, wo dr Putz mit wegbreggelt isch, hat mr oschließend so guat wie fachmännisch voschpachtelt. Des wird nachher scho net so ins Aug falla. Auf geht's, jetz wird aber tapeziert!

Möglichscht passgenau wird die erschte Tapetaboh zuagschnitta und eikleischtert. Die Kleischterböbbela drückt mr mit de Finger flach und jetz heißt's: An'd Wand drmit! Als Schwob hat mr von Geburt o automatisch a hervorragendes Augamaß. Bloß die Handwerker, die elende Bauschnarcher, die hent

früher die Fenschterleibunga und Türrahma net sauber ins Wasser gsetzt, deshalb muass mr sich heut mit der Schlamperei rumärgern. Mr weiß natürlich, dass so frisch nobebbte Tapeta a paar Bläsla kriaga könnet, aber do drvo, dass bloß Bloosa an dr Wand bebbet, isch nirgends ebbes gschtanda.

Je weiter mr tapeziert, vor allem an de schwieriche Schtella wie Fenschter und Türrahma, je lauter und agressiver wird dr Tonfall. Je meh Kleischter in de Hoor bebbt, je meh Bahna wieder nunderhänget, je öfters mr uff dr Schleifez vom umgschmissena Oimer ausrutscht, umso problematischer wird des weitere Mitanonder. Wenn dann zum Schluss au no d'Tapeta ausgeht, weil mr zu genau ausgmessa hat oder weil a paar Bahna vor lauter Bebberei vorissa sind, hat mr bereits s'ganze Regischter von Kraftausdrück und Beleidigunga zoga.

Dr freundliche Kundaberater vom Heimwerkermarkt kann leider au nix macha, aber von dem günschticha Reschtposchta isch eba net oi Roll meh do. Er gibt oim aber gern zwei Rolla von ra ähnlicha Tapeta mit, die zwar genauso viel koschtet wie die elf vom Reschtposchta, die aber im Großa und Ganza kaum von dr billicha Tapeta zu unterscheida sind. Beschtens geschult schwätzt er oim au glei no a Päckle Kleischter und'n Zehn-Liter-Kanischter Kleischterentferner uff.

Nachdem dann endlich fertich tapeziert isch, muass mr halt seine Möbel a bissle umschtella. Erschtens, damit mr die Übergäng von de zweierlei Tapeta net so sieht und zweitens, dass die heimwerkerliche Patzer oim net gar so ins Aug stechet. So kriaget au glei die Bilder und der viele Gruscht, wo sonscht no an de Wänd rumhängt, ganz neue, teilweis sogar ugwöhnliche Plätz.

Dass die Eheleut nach getaner Arbeit drei Wocha nix meh mitnonder schwätzet kann mr guat voschteha. Viel entscheidender isch jedoch, dass so frisch tapezierte Wänd a völlich neues Wohngefühl schaffet und des macht alles ondre längscht wieder wett.

Tapetawechsel, des will mr uns scho als Kind beibringa, sei ebbes Schönes und Wünschenswertes. Doch derjeniche, der so blöd rausschwätzt und sich über die Tragweite von so ma großa Vorhaba weiter's koine Gedanka macht, der hat mit Sicherheit no nie selber tapeziert.

Und scho basst's...

Mei Hos schpannt und s'Unterleible rutscht mr nuff,
aber i ess doch au net meh wie früher.

> Mei Näbele isch scho ganz schö weit nach
  inna gschlupft und s'Hemdkrägele geht
  nimme zua.

> Meine Schuahsenkel sind saumäßich tief
  drunta und vom Nunderbücka kriag i jedsmol
  an rota Meckel.

> I sott abnehma, aber i votrag halt koi Diät
  und Schport isch au no nie mei Sach gwä.

> Sie saget, mr müasst s'Richtiche essa, net
  ubedingt weniger, aber i hab scho alles pro-
  biert und bis heut no net s'Richtiche gfunda.

> Entweder s'schmeckt mr net oder i hab glei
  wieder Hunger. Und überhaupt, in meim Alter
  brauch i sowieso nimme rumlaufa wie dr
  Adonis.

> I kauf mir a paar neue Kleider, aber i nehm
  se a bissle größer, als wie i se brauch, no
  schpannt nix meh.

Und hoppla – scho basst's wieder!

Gewusst wie

Mein Nachbr, der isch bös mit mir,
i weiß net recht warum.
Vielleicht fehlt mir des gwisse Gschpür
und des nimmt der mir krumm.

Der glotzt so wüascht und grüaßt net zrück
und i probier's mit viel Geschick
mich wieder zu versöhna.
Doch s'glingt mr net, des isch so blöd,
i kann mi net dro gwöhna.

Zum Viertele lad i en ei
und hab sein Gehweg gfegt.
I mach und dua, schtell alles o,
bloß dass dr Schtreit sich legt.

Doch regt sich nix, der Kerl bleibt schtur
und kommt mr net entgega.
Koi Freindlichkeit, koi guate Tat
kann dem sei Gwissa rega.

I hock mi no und schtreng mi o,
damit i mi besinn,
auf dass am End vom Trauerschpiel
i d'Freindschaft wieder gwinn.

I hab's, glei geh i zu em num
und schteh vor seiner Tür.
I klopf und kurz druff macht er uff
und übersieht mi schier.

Doch jetzet gilt's, jetz ziag i's durch,
was i mir ausgedacht
und kriach net rückwärts wie'n Lurch,
des wäre jo gelacht.

„Du Nachbr, hättsch mr net amol
dein Fliesaschneider gschwind,
weil i do grad was werkla dua
und i den braucha könnt."

Er frogt mi: „Hasch du denn
so was scho amol gmacht?
Do brauchsch du nämlich meh drzua,
damit dr nix vokracht."

Mit seinra ganza Ausrüschtung
kommt er zu mir ins Haus
und z'bander flieset mir dr Flur
und au d'Terrass no naus.

Am End sind mir die beschte Freind,
als wär nie ebbes gwä.
Durch Arbeit brüderlich voeint,
was willsch als Nachbr meh.

*

Geht dir's mol so, also wenn'd willsch,
lass dr von mir was saga,
wenn du mol Krach mit ebbern hasch,
duan um ebbes froga!

Vorsicht mit Eiladunga

I bin vielleicht net dr Gscheiteschte, aber i weiß, wo drhoim s'Lexiko schteht. Wenn i mol ebbes net weiß, no gugg i gschwind dort nei und bin uff dr Schtell schlauer.

So isch mr's au letscht ganga. Do hab i a Eiladung uff a Symposium kriagt und hab mi scho hälinga gfreut, dass i uff so ebbes Wichtiges wie so a Symposium überhaupt eiglada werd. Nur sott mr halt net ganz uvorbereitet in so ebbes neidappa und a Vooschtaltung, wo so wichtig heißt, muass doch au beschtimmt was Bsonders sei. Also hab i erscht mol noochguggt, was denn a Symposium überhaupt sei soll. Wo i des Wort aber dann im Lexiko gfunda hab, bin i scho a bissle ins Schleudern komma, denn unter ‚Symposium' isch dort gschtanda:
Aus dem Griechischen: Trinkgelage
A heimliche Sauferei also.

Dem Menscha mangelt es nicht an Erfindergeischt, wenn's drum geht, oiner zu heba und mr schlupft gern in a Tarnmäntele nei, um dieses Ziel zu erreicha. Natürlich hab i auf die Symposium-Sauferei zuagsa, scho alloi, weil mi's intressiert hat, wie sich so a gladene Gsellschaft beim Saufa oschtellt.

A bissle vowundert war i dann aber scho, als in der großa Halle, wo des Trinkgelage hätt schtattfinda solla, net oi Flasch rumgschtanda isch. Im Gegateil!

Do waret in Reih und Glied Schtühl uffgschtellt, uff
dr Bühne waret schtatt Zapfolaga Rednerpult und
uff de kloine Bistrotischla im Foyee sind schtatt
Gläser Kugelschreiber und Notizblöckla rumglega.

Alle Teilnehmer an dem Symposium waret, bis uff
mi, schick ozoga. Lauter feine Schtöffla und Kra-
wättla, Blüsla und Koschtümla, Manschettaknöpf
und Handtäschla. Natürlich hab i mi saumäßich
gärgert, weil i eba mei Kleidung meh nach ma Trink-
gelage ausgrichtet hab, anschtatt nach ra Moda-
schau. Alle hent mi oguggt und mir war des sau-
mäßich peinlich. Notgedrunga hab i mir so'n Kugel-
schreiber und a Blöckle gschnappt und so do, als
ob i ganz intressiert mitschreiba däd.

Was isch net alles vozapft worda. Von de internatio-
nale Beziehunga und von de Auswirkunga uff Eu-
ropa im Allgemeina und uff's Ländle schpeziell. Von
dr Preisentwicklung,über'd Aktiakurs, von de Zu-
kunftsaussichta und de Rohölreserva, von dr Be-
völkerungsentwicklung bis zur Besiedelung des
Weltraums. Schiergar uffgschtanda isch mir dr
Mund von so viel bewegende, hoch intressante –
aber leider durchweg furztrockene Thema. Die
hochgebildete Wortjongleure hinter ihrm Redner-
pult, die hab i am End sogar um des Gläsle Wasser
beneidet, des dort neba ihre Unterlaga gschtanda
isch. Also a trockeneres Trinkgelage wie des, isch
mir in meim ganza Leba no net unterkomma gwä.

Glücklicherweis hat alles irgendwann a End.
Selbscht die Ewichkeit isch manchsmol kürzer als

mr denkt. So nach zweiahalb Schtund Gequassel sind die schtudierte Obergscheitla unter überraschend starkem Beifall entlassa worda und des Symposium war beendet. I wollt scho in mein Kittel neischlupfa und hoimgeh, do sind uff oimol ringsrum d'Trennwänd uffgschoba worda und a ganze Batterie von Sektflascha isch zum Vorschei komma. Also doch noch ebbes zum drinka.

Oh wie hent se ihre Sektgläsla schtilvoll zwischa de Finger balanciert und ab und zua gnippt. S'isch au net laut worda, wie des bei ma Trinkgelage normalerweis üblich isch und gsunga hat au koiner. Also i war total irritiert. Nur um mein gröschta Durscht zu löscha hab i zwei, drei Gläsla drunka und bin naus und hoim. Nix wie hoim!

Aus meim Keller hab i mir dann an schöna Schpätburgunder hoch gholt und voll Genuss zwei Viertela zoga. I hab dieses Symposium nundergschwenkt und nach'm zweita Viertele hat sich dr Fruscht über diesen schtaubtrockena Wissensaustausch so langsam glöst.

*

Wenn i wieder mol ebbes net weiß und ins Lexikon gugga muass, no bin i's nägschte Mol net so leichtgläubich. Mr moint jo immer, die Gelehrte wäret früher so schlau gwä, doch i glaub, die alte Griecha, die hent au net alles gwisst…

Falsch voschtanda

Dr Nachbere, dr Adelheid,
der klag i manchesmol mei Leid.
Erzähl ihr, dass mein Friederich
halt nimme so wie früher isch.

Früher, so vor dreißich Johr,
als i no net voheiert war,
do war der uff mi ganz vosessa,
hätt mi am liabschta uffgefressa.

Do isch der um mi rumgeschwänzelt,
hat rumgewedelt und gedänzelt,
nannte mich sei ‚süßes Mäusle‘,
war wega mir ganz aus'm Häusle.

Doch was isch bloß von dieser Liebe
nach so viel Jährla übrichblieba?
Heut find er alles an mir mies.
Er sagt, ich hätt zu krumme Füß,
moint au, i hätt a großes Maul
und Arschbäckla wie'n Ackergaul!

Dr Nachbere, dr Adelheid,
der dua i manchsmol richtich leid.
„Dei Friederich soll sich was schäma,
do muass mr ebbes unternehma!"

Sie weiss, es gibt für solche Fäll
a Ehefruscht-Beratungsschtell.
Die Herra, wo oin do berata,
die heißt mr Ehe-Psychopatha.

Sofort hab i mi aufgerappelt
und dort mit dene Herra babbelt.
Mr muass in möglichscht gscheite Sätze
mit solche Kerla Hochdeutsch schwätza.
I sag ganz frei: „Herr Psychopath,
i brauch ganz dringend Ihren Rat!"

Darauf sagt der zu mir: „Gnä' Frau,
schildern Sie diesen Fall genau,
wie's mit der Sexualität
in Ihrer Ehe geht und steht."

Do hab i sofort losgelegt
und gsa, dass sich do nix meh regt.
Mein Friederich hängt bloß no rum,
allmählich wird mir des zu dumm.

Dr Psychopath hat überlegt,
weil ihn mein Klaga stark bewegt.
Er gibt den guat gemeinta Rat:
Man schreite voller Lischt zur Tat.

„Sie müssen Ihr Intimverhalten
modern und intressant geschtalten.
Sie müssen Ihre Ehe würzen
und Ihren Mann mit Charme bezirzen."

Zu diesem Zweck fänd er recht fesch,
tiefschwarze Schpitzenunterwäsch,
weil schwarz, das wirkt oft wie ein Wunder.
Schwarz macht müde Männer munter!

Glei druff geh i ins Schtädtle nei
und kauf Dessousla, schick und fei.

Am Wochaend werd i's probiera
und meinen Friederich voführa.

Aufgepuscht und hochgeschnallt
lässt dieser Oblick keinen kalt.
Meim Ehemo vogehn die Flusa,
der muass an meinem Busa schmusa!
Am Wochaend, do leg i los
in Wonderbra und Schpitzahos!

Am Samschtagobend glotzt der mei
wie immer in dr Fernseh nei.
I lauf vorbei und sag „Oho!"
und wackel sinnlich mit'm Po.

Doch moinsch, der hätt mi wahrgenomma?
Im Kaschta isch grad ebbes komma –
in'd Schportschau glotzt der Dinger nei
und i war dem ganz einerlei.

Jetz werd i aber ganz massiv
und schtelle mich demonschtrativ
vor seinen Kaschta no:
„Ja findsch du mi denn gar net fesch
in meinra schwarza Unterwäsch?
Ha gugg mi doch mol o!"

Meim Friederich gibt des n'Ruck,
er greift zur Bierflasch – drinkt an Schluck,
er schtarrt mi o mit irrem Blick,
mir hupft mei Herz – i gugg zurück.
Do sagt der, alles war vodorba:

„Oh Gott, o Gott, isch'd Oma gschtorba?"

Notstand

Es gibt im Leben eines schwäbischen Ehemannes nur wenige wirklich große Herausforderungen. Erstens, weil es für einen Schwaben keine ernsten Herausforderungen gibt oder zweitens, weil er ganz einfach solche Problemstellungen nicht als Herausforderung erkennt. Konflikte zum Beispiel werden einfach, schnell und rational, d.h. durch Nachdenken gelöst. Oder, wenn die Lösung des Problems von vornherein aussichtslos erscheint, durchaus auch mit einem knappen „leck mich am Arsch". Auf jeden Fall wird jeder Herausforderung begegnet, so oder so, ohne viel Aufhebens.

Leider gibt es doch ganz wenige Ausnahmen von dieser Regel, denen sich aber dann der Schwabenmann mit ganzer geballter Mannesstärke stellt. Eine dieser Herausforderungen, ja dieser Prüfungen ist dann, wenn eine schwäbische Hausfrau kurzfristig und ohne vorherige Ankündigung erkrankt. Wenn sie also darniederliegend und schwach das Bett hüten muss. Aber auch in solcher Extremsituation bleibt der Schwabe gekonnt rational und erfasst seine neue, bis dato ungewohnte Position als selbstverständlich und naturgegeben. Es erwachsen darüber hinaus (wenigstens bei ihm selbst) keinerlei Probleme. Ganz anders, da nicht nur geschlechtlich grundverschieden, erahnt die Schwäbin fast orakelhaft das drohende Fiasko. Ja, sie sieht bereits jetzt schon lebhaft vor ihrem geistigen Auge ein Schreckensszenario aufziehen.

Schon in der ersten Stunde ihres Krankseins sieht sie die drohende Gefahr für ihren Haushalt unweigerlich und unabwendbar nahen – in Gestalt ihres Mannes. Sie muss sich jedoch in diesen, für sie doppelt schweren Stunden ihrem Schicksal ergeben und die Übernahme der Haushaltsgeschäfte durch ihren Mann ertragen.

Nun ist es in den meisten schwäbischen Ehen so, dass die Frau vor allem den Haushalt versorgt mit allem, was dazugehört. Diese leider oft sehr einseitige Betrachtungsweise reduziert geradezu alle Sinne auf möglicherweise nebensächliche Details.

Ganz im Gegensatz zu seiner Frau empfindet der Schwabe die Wohnung nicht staubig, verschmutzt oder gar dreckig, weil er einfach und ungelogen den Staub, den Schmutz oder den Dreck nicht sieht. Er sieht ihn einfach nicht. Nicht deshalb, weil er sehbehindert wäre oder gar blind, nein, weil er ihn veranlagungsbedingt nicht sehen kann (oder, falls er den Schmutz doch sehen sollte, diesen nicht als Bedrohung empfindet). Muss er dann doch unter lautem Murren, nach eindringlichem Bitten, übelsten Verwünschungen und mehreren angedrohten Scheidungen mit Eimer und Lappen über die Böden, kann es durchaus vorkommen, dass die Auseinandersetzung noch an Lautstärke zunimmt. Denn die Art und Weise, wie ihr Mann mit den Putzutensilien hantiert, löst bei ihr beinahe Gehirnkrämpfe aus. Ihr ist es nämlich durchaus nicht egal, dass ein nasser Lappen nicht nach jeder Treppenstufe ausgewaschen und gewunden wird, auch wenn dies der Gatte erst nach Beendigung der aufgezwungenen Arbeit für nötig hält. Am liebsten würde sie diese wichtige Aufgabe selbst erledigen, doch sie kann nicht, da sie ja krank liegt und darnieder. Gequält wird also die Treppe, der Flur und die Küche ein zweites Mal gewischt und die Stellen, in die die kranke Ehefrau durch ihre geöffnete Schlafzimmertür Einblick hat, durchaus intensiver.

Nach solcher, für Ungeübte doch anstrengender Arbeit, sollte man dem geplagten Manne gerne etwas Ruhe und Entspannung gönnen. Aber weit gefehlt. Ist auch die Schwabenfrau gesundheitlich verhindert, ihr Hausfrauenhirn arbeitet dafür umso intensiver und heckt für ihren Ehesklaven immer neue Gemeinheiten aus.

Sämtliche Arbeiten, die garantiert schon wochenlang nicht mehr ausgeführt wurden, müssen jetzt und sofort erledigt werden und es fällt der kranken Frau überhaupt nicht schwer, sich immer Neues auszudenken: Hof kehren, Teppich klopfen, Möbel feucht abwischen, Staub saugen. Natürlich auch Bad, Toiletten und noch weiteres Unnötiges putzen.

Ist endlich die erste Serie der niederen Putzarbeiten beendet, hat sich die kränkelnde Hausfrau in der Zwischenzeit eine ganze Litanei von dringenden Reparaturarbeiten ausgedacht, die alle äußerster Dringlichkeit bedürfen. Es müssen Türen geölt,

Schrauben nachgezogen, Schubladen geleimt und tausend weitere Dinge gerichtet werden, die allesamt innerhalb der letzten Stunden urplötzlich defekt, gebrauchsunfähig oder altersschwach geworden sind.

Glücklicherweise gehört zu jedem Tag auch die Nacht und damit die wohlverdiente Nachtruhe. Leider denkt so nur ein von Arbeit überwältigt und vom Schlaf fast übermannter Hausmann. Denn kaum will er sich dem, aus seiner Sicht hart erarbeiteten und unverzichtbaren Schlaf widmen, gönnt sie ihm diese Ruhe nicht. Tee kochen, Essensreste vom Vortag aufwärmen, kalte Umschläge machen, Wärmflaschen füllen und auflegen, Wohnung lüften, Bett aufschütteln, Mülleimer rausstellen. Die Aufzählung wäre noch lange fortzuführen, aber gottlob, irgendwann spät in der Nacht, schläft die kranke Frau doch ein und ihr noch gesunder aber schon etwas angeschlagener Mann darf glücklich dasselbe tun. Schlafen – selig erquickend schlafen.

Doch plötzlich, mitten in der Nacht, wie von bösen Geistern geschüttelt, schreckt die Frau aus ihren Träumen. Sie weckt äußerst brutal und mitleidslos ihren sanft schlummernden Notstandshausmann und zwingt ihn, trotz Schlafanzug und Müdigkeit in den Keller. Er muss, ob er will oder nicht, die Zutaten für das morgige Mittagessen aus der Gefriertruhe holen. Schon beinahe ohne Widerrede und fast in Trance schleicht der Gepeinigte frierenden Fußes ins kühle Gewölbe. Verbissen und fröstelnd kramt er nach dem lautstark Gewünschten. Kommentarlos stellt er das Gefundene mit klammen Fingern in die Küche. Ohne ein Wort schleppt er sich zurück ins erkaltete Bett, schläft ein und träumt den schweren Traum des ungerecht Behandelten.

So schön und friedlich der neue Morgen erwacht, er steht bereits unter bösen Vorahnungen. Was wird die Frau wohl heute wünschen? Was hat Dringlichkeitsstufe eins? Was duldet keinen Aufschub?

Nun, die Rollen werden schnell verteilt. Man begibt sich in Angriffs- bzw. Verteidigungsposition. Sofort nach dem ersten Reinigungs- und Abwaschdurchgang werden die Menüwünsche mitgeteilt, natürlich verbunden mit genauesten Anweisungen über Arbeitsablauf und Art der Zubereitung. Selbstverständlich ist der Schwabe durch das häufige Ausrichten von Grillfesten in der Kunst des Kochens, insbesondere der Fleischzubereitung bestens geschult. Deshalb, weil besser wissend, hört er sich die Befehle aus dem Hausfrauenlazarett kommentarlos an, begibt sich in die Küche, wirkt, schafft, kocht und kreiert, wie es sich für einen wahren Küchenmeister gehört.

In Abweichung vorgegebener Richtlinien komponiert der Chef sein Menü in Form, Farbe, Konsistenz und Geschmack zwar etwas von den weiblichen Vorstellungen abweichend, aber für sein Empfinden überaus gelungen, ja perfekt. Voller Stolz kredenzt er dieses Meisterwerk erwartungsvoll seiner Gattin, die bereits durch den Anblick der Kreation wesentlich gesünder wirkt. Nachdem letztendlich das Koch-

kunstwerk unter Zuhilfenahme der Biotonne rück-
standsfrei entsorgt wurde, erteilt man dem etwas
geknickten ‚chef de cuisine' gemeine, sportlich ge-
sehen sogar unfaire Strafarbeiten.

Er muss nun die Waschmaschine mit handverle-
sener Buntwäsche füllen und den Waschvorgang in
Kraft setzen. Oh wie gerne stünde seine Frau auch
hier hilfreich zur Seite, möchte die Arbeit wiederum
am allerliebsten alleine tun. Doch so erklärt sie
ihrem Dienstboten genauesten, wie solches zu ge-
schehen hat. Der Hausangestellte lernt auf diese
Weise eine Menge über Wäsche, deren Tempe-
raturansprüche, Waschmittelaufwandmengen sowie
über weibliche Logik. Nachdem man zuletzt die
Wasserzufuhr geöffnet hat, läuft der Waschvorgang
problemlos ab. Völlig unerwartet rüttelt und schlägt
die Maschine, da nicht ordnungsgemäß befüllt mit
ihrem Lager und entlässt eimerweise schillernden
Schaum. Dies tut die Maschine möglicherweise auf-
grund der Verwendung eines für den Temperatur-
bereich der Buntwäsche ungeeigneten Wasch-
mittels oder aber wegen der doch leicht höheren
Anzahl an Celsiusgraden des laufenden Koch-
wäscheprogramms. Doch letztendlich wird all dies
auf das Waschergebnis keinen direkten Einfluss
haben.

Das Geräusch des Gerätes, die Sicherheit der funk-
tionierenden Technik sowie das Bewusstsein der
absoluten Überlegenheit gibt dem Hausmann das
Gefühl, eine Großtat vollbracht zu haben – über
jede Kritik erhaben.

Da die Wäsche nun läuft, aber vom Ehemann keinerlei Aktivität zu vernehmen ist, wird diesem sofort ein neuer Auftrag erteilt. Weil sie ihren Mann noch im Hausarbeitsraum vermutet, darf er diesen nicht verlassen, sondern muss sich hinter einen gehäuften Berg von Bügelwäsche machen. Nach bereits gewohntem Muster wird der Arbeitsablauf lautstark und eindringlich erklärt. Doch bügeln mittels Bügeleisen und Bügelbrett kann ja nun wirklich keine Kunst sein. Im Gegenteil! Bereits nach drei, vier gebügelten Wäschestücken wird der Vorgang fachmännisch rationalisiert. Man kann ohne weiteres bis zu vier Kleidungsstücke übereinanderlegen und auf einmal bügeln, ohne dass das Bügelergebnis sichtbar leidet. Zwar ergeben sich völlig neue Formen von Hemdkragen und Knopfleisten, aber durchaus nicht unmodern und absolut tragbar. So wird problemlos und in Rekordzeit ein gewaltiger Turm von Bügelwäsche niedergeplättet.

Aufgrund der auffälligen Zeitersparnis reift im denkenden Schwaben der Gedanke, wie wohl seine Frau den lieben langen Tag ihre reichlich verbleibende Freizeit verbringt. Denn durch überlegtes Arbeiten, durchdachtes Zusammenlegen von verschiedenen Arbeitsschritten und sachgerechter Anwendung der häuslichen Technik, ließe sich der weitaus größte Teil des Tages für Sinnvolles nutzen.

Mental unheimlich gestärkt erhält der Hausarbeiter als abschließenden Arbeitsschritt noch den Auftrag, die fertige Wäsche nun in die Schlafzimmerschränke einzuräumen. Völlig unerwartet erfährt die Gattin beim Anblick des Bügelendprodukts einen gewaltigen Genesungsschub. Sie springt aus dem Bett, reißt ihrem Mann die Wäsche aus der Hand und überlegt ganz kurz, ob sie nun einer Explosion oder einem Nervenzusammenbruch nähersteht. Doch sie bleibt erstaunlich ruhig, trägt die ihrer Meinung nach misshandelte Wäsche zurück, zieht sich an, richtet ihr Bett und verabschiedet sich schlagartig vom Krankenstand.

*

Als Schlussfolgerung dieser nicht übertriebenen und bestimmt wahren Geschichte ließe sich für die Zukunft Folgendes ableiten: Der hilfreiche Beistand des liebenden Gatten bewirkt im Falle der Erkrankung der Ehefrau einen unheimlichen, fast wundersamen Genesungsschub. Deshalb wäre es allein schon im Sinne der Gesundheitsvorsorge zu wünschen, dass treusorgende Ehemänner in solchen Fällen selbstlos handeln und ihren Frauen liebevoll und aufopfernd zur Seite stehen...

A guater Freind

S'gibt ebbes, des isch selta worda,
des isch scho fascht a Rarität.
Des isch, wenn oiner heut und morga
bei Guat und Böse zu dr schteht.

A guater Freind, der isch schtets do,
wenn gfeschtelt oder gfeiert wird.
Er isst und drinkt,
er lacht und singt
und freut sich so mit dir.
Er hält die Schtellung und des Glas
bis morgens früh um vier.

A guater Freind, der sagt net ‚noi',
wenn'd frogsch: „Gehn mr mol aus?"
Zu zweit macht manches halt meh Schpaß
und mr kommt aus'm Haus.

A Freindschaft, die isch so viel wert,
viel meh als Gold und Geld.
An guater Freind isch nie vokehrt,
doch selta uff dr Welt.

Doch Freindschaft, die isch net beschränkt
uff's Feschteln, Feiern, Lacha.
Au wenn sich's mancher doch so denkt,
s'gibt grad gnuag ondre Sacha.

Wenn dr's net guat geht, was isch no?
Sind dann dei viele Freind no do?
Fehlt dir's am Geld, du armer Wicht,
werdet dei Freindlesreiha licht?

Bisch net guat druff und schwätzsch n'Käs,
nimmt mr dir's krumm und wird mr bös?
Hasch viel zum werkla und zum schaffa,
duan do dei Freind von außa gaffa?

Bei solche Sacha sieht mr glei,
was echte Freindschaft wirklich ischt,
doch um an guata Freind zu haba,
do gibt's bis heut halt no koi Lischt.

A Freindschaft wird im Herz gebora,
wächst net im Maga, net im Kopf
und wer sei Herz net öffna kann,
der bleibt ganz gwieß an armer Tropf.

A guate Freindschaft will was heißa,
jetz schpitz dei Ohra und hör zu!
I derf mi ehrlich glücklich preisa,
weil i an Freind hab – so wie **du**.

Ausgrechnet

Des Buale guggt heut ganz voklemmt,
scho kommet erschte Träna grennt,
in Reißvoschluss isch ebbes klemmt –
des arme Kend.

Noi, do macht mr fei koi Witzle,
Träna sammlet sich zum Pfützle,
denn eigezwängt in einem Ritzle,
isch sei Schpitzle.

Die Tröpfla kullern über'd Wanga,
doch s'Buale bsinnt sich um sich zfanga,
holt in dr Werkschtatt voller Banga
a kloine Zanga.

Mr derf net in Vozweiflung schtürza,
es gilt die Ursach auszumerza,
um dieses Leida zu vokürza,
bei so Schmerza.

Des Buale beißt uff'd Zäh und glei
zwickt's diesen Reißvoschluss entzwei,
bezwingt so diese Quälerei,
macht sich frei.

Dr Schmerz lässt nooch, oh isch des schee,
s'Schpitzle duad fascht nimme weh.
D'Muadr kommt, glei hat se gseh,
d'Hos isch hie.

Büable, was machsch bloß für Zicka?
Komm, lass di a bissle drücka,
d'Hos, die kann mr trotz am Zwicka
wieder flicka.

Mir essat jetz, duad's au no bizzla,
komm rei an Tisch, hock in dei Sitzle.
Heut gibt's ausgrechnet, oh arms Fritzle,

Buabaschpitzla.

* * *

Anwort einer genervten schwäbischen Hausfrau
auf die drängende Frage,
wann denn endlich das Mittagessen fertig sei:

*„Soll i jetz Schpätzla macha
oder fressa mr dr Teig so?"*

dr Puppaschock

Alle, wo selber Kinder hent – und mit alle moin i
bsonders die Vädder und mit Kinder ganz schpeziell
die Mädla, also alle Mädlesvädder, die könnet mir
in de folgende Zeila ganz beschtimmt zuaschtimma.
Dene Mädla ihr Schpielvohalta unterscheidet sich
extrem von dem von de Buaba! Desweg gibt's in
dene Mädla ihre Kinderzimmer au a ganz bsonders
Schpielzeig. Ois, des alle ondre Schpielsacha um
Nasalänga schlägt. Wo alles ondre, pädagogisch
hundertmol Wertvollere, in dr Ecke liega bleibt. Ja
richtich – i moin so oi an Unterernährung leidendes
Plaschtichpüpple, an dem mr als Mädlesvadder
oifach net vorbeikommt und manchsmol schier vo-
zweifla könnt. Genau – so a Barbieglumb, so a ana-
tomisch entschtelltes Induschtriedoggele.

Bereits scho dr Oblick von so ma ausgmergelta
Kunschtschtoffdergel lässt die kloine Mädla aus-
raschta. D'Äugla werdet groß, s'Mündle geht nimme
zua und die übrige Welt scheint ihren Eifluss gänz-
lich zu voliera. A Barbiele! Als ob mr mit so ma Klei-
derschtänder überhaupt schpiela könnt! Oziaga,
ausziaga, Frisürla macha, oziaga, ausziaga. Grad
vorecka könnt mr. Vor allem dann, wenn mr selber
mitschpiela muass. Denn als Mitschpieler derf mr
net meh do, als wie brav nebano hocka und höch-
schtens des macha, was oim die schwindsüchtich
Plaschtichtwiggy ogibt. Gell, und weil solche
Schpiele au meischtens Rollaschpiele sind, kommet
mir immer ganz ernschthafte Zweifel an dr Vorbild-

funktion von mir selber als Elternteil. Denn so wie die Püppla mitnonder umgehet und sich vohaltet, so lerna des die Mädla von ihre Eltern net. Do bin i mir sicher! So gschteltzt geht's drhoim net zua. Und do drzua die Aussprooch! Mei Frau und i, mir hent drhoim und auswärts no nie ondersch do als wie gschwätzt und jetz muass mr mit ohöra, wie die oigene Kinder s'Schwätza volernt hent und hochdeutsch babblet.

Mr hat jo scho oft glesa, dass in so ausländischem Plaschtichkinderschpielzeig Weichmacher drin seiet, aber dass diese Schtoffe so'n direkta Eifluss uff's Denkvomöga hent, hätt i nie denkt. Kaum, dass so a Mädle ihr Barbiepüpple olangt, öffnet sich im Kinderhirn a saubutzelesrosa-farbene Kunschtwelt. Boshafterweis wird die Tatsach von dene hinterhältiche Schpielzeigherschteller schamlos ausgnützt. Tausend teure Sächla gibt's, die so a Kindle ubedingt braucht, um überhaupt mit so ma Plaschtichvoreckerling schtandesgemäß schpiela zu könna: Barbiehäusle, Barbiefahrrädle, Barbiepferdle, Barbiewohnmobil, Barbieschaukel, Barbiebädle, Barbieschampoo, Barbieglitzerhoorschpray, Barbie, Barbie, Barbie... mir wird schlecht.

Dr ganze Barbiegruscht läuft dermaßa ins Geld. Oh was könnt mr do net ‚Legola‘ drfür kaufa! No könnt i wenichschtens ebbes Gscheits baua! Aber noi, so muass mr nebano hocka und den blöda ‚Ken‘ schpiela. Den Ken, diesen gehirnamputierta Erfüllungsgehilfe, diesen magersüchticha Plaschtichdackel, diesen potenzgschtörta Aschtralseggel. Vorecka könnt mr, grad vorecka, aber als Mädlesvadder muass mr durchhalta. Durchhalta – aushalta – schtillhalta.

Doch das Ende dieser Leidenszeit rückt erbarmungslos näher. Irgendwann, ruckartich und mittadrin im schönschta Barbieschpiela platzt uff oimol a Schualfreindin rei und secht: „Was?? Schpielsch du immer noch mit dr Barbie?" No hat's schlagartich a End. Noch in dr gleicha Schtund werdet die bis dahin so uvozichtbare Kindheitsbegleiter in mehrere große (von de Eltern vorausschauend uffgehobene) Windelkarto neigschtopft und vor'd Kinderzimmertür gschtellt. Grad so, als ob die arme Püppla uff oimol a oschteckende Krankheit hättet. Und äußerscht sonderbar drbei isch, dass bei dene Mädla in diesem harta Augablick der Trennung net oi oinzige Träne kullert.

In dieser Phase des kindlichen Werdegangs möcht i jedem Vadder an guata Rat geba: Solche abrupte Weichaschtellunga sind psychisch gseh nie guat und viele Mädla nehmet nach dr krassa Barbie-Entwöhnung, nach diesem Puppaschock, au glei übergangslos a Zigarettle in'd Finger und wellet erwachsa sei.
Deshalb wär's doch am beschta, wenn mr als Vorbild und Vadder in dieser heikla Situation oifach saga däd, wie gern mr bisher mit'm Ken gschpielt hat und dass oim ohne den Kerle richtich was fehla däd. No braucht so a arms Mädle nämlich koi schlechts Gwissa kriaga und kann die Barbie-Sächla wieder aus dr Vosenkung hola. Wenichschtens am Vadder z'liab…

Geschtörte Idylle

- ➢ a klois Gärtle
- ➢ a klois Äpfelbehmle
- ➢ a klois Äpfelbohmzweigle
- ➢ a klois rot's Äpfele
- ➢ a klois Buale
- ➢ a klois Buabahändle
- ➢ a klois Buabahändle, wo an dem kloina Äpfelbohmzweigle nach dem kloina Äpfele langt
- ➢ a klois Buabagöschle
- ➢ a kloiner Biss in des kloine rote Äpfele

Bis hierher kann man die Idylle nachverfolgen. Man sieht sich selbst im kleinen Garten, erblickt den Frucht tragenden Baum und fühlt den Drang der Hand, die ungehindert nach dem roten Apfel greifen will. Voll Erwartung füllt sich der Mund mit Speichel, fast kann man das herrliche Aroma dieser Sonnenfrucht schmecken. Beinahe will uns die fruchtige Süße und die erfrischende Säure des eben gepflückten Obstes betören. Apfelbäumchen, welch köstliche Kindheitserinnerungen weckst du in mir.

Doch da holt uns die Wirklichkeit ein und führt uns auf grausame Weise den wahren Fortgang der Geschichte vor Augen: Pfui Teufel – an Wurm!!

Guat kombiniert

Es isch ein halbes Johr voreist
dr Erwin, gschäftlich hält
und drückt sich irgendwo herum
am ondra End der Welt.

Sei Frau isch's gwöhnt, denn bei seim Tschob,
do kommt des öfters vor.
Doch desmol isch's au ihr ganz arg,
viel ärger wie zuvor.

Denn's Bärbele, ihr oinzichs Kind,
des isch drei Jährla fascht
und hängt ganz arg am Baba dro,
doch der isch seltner Gascht.

Die Muadr liest ra jeden Dag
a neues Gschichtle vor –
vom Könich und dr Königin,
vom Fröschle und vom Mohr.

Doch immer, wenn a Gschichtle aus,
fängt's Mädle o zum weina
„dr Baba, der isch net im Haus,
i kann heut nix Schöns träuma!"

Die große Kinderträna rinnt
herab uff's weiche Kissa;
mit Schluchza wird am Däumle gschnullt,
do schlägt dr Muadr s'Gwissa.

Was mach i bloß, des Kindle kriagt
beschtimmt an Schlag fürs Leba.
Mir müasset irgendebbes do,
um dieses zu beheba.

No in dr Nacht, do ruaft se o
ins ferne USA.
Beschpricht sich lang mit ihrem Mo
und legt'm dringend nah,
dass er bald kommt zu seinem Kind,
auf dass mr wieder Ruhe find
und wieder schlofa ko.

Scho drei Däg druff, do isch er do,
will's Kindle überrascha.
Voschteckt sein Mantel und sein Huat,
voschiabt au gschwind sei Tascha.

Bloß s'Bärbele, die hat glei glacht
und schreit „Baba" durchs Haus,
„gell, du bisch do, i hab mr's dacht,
i bin's, dei Bärbelmaus."

Do schpringt dr Baba hinta vor,
nimmt glei sei Kind in Arm
und drückt und mag es was er ko,
ums Herzle wird's em warm.

Ja sag mir bloß, du kloine Grott,
wie hasch denn du des gwisst,
dass i heut do bin, do bei euch,
weil du mi so vomisst?

Hasch du mi gseh, hasch du mi ghört,
wo i heut komma bin
oder hasch du für solche Fäll
vielleicht an siebta Sinn?

Mit ihre drei, do war des Kind
scho uwahrscheinlich knitz,
denn was sie jetzet von sich gibt,
war ehrlich gar koin Witz.

Sie guggt an ihrem Baba nuff,
no plappert se frei raus
und beide Eltern fahret schier
die Glotzer oba naus.

„I hab glei gseh, des war net schwer,
wo i ins Bad gedappt,
dass do am Sitz von unserm Klo
die Brill isch hochgeklappt."

Warum i net gern ins Freibad geh

Im Laufe seines Lebens voändert sich dr Mensch –
bsonders i, moint mei Frau. Sogar meine Kinder
hent scho ebbes gmerkt – ausgrechnet wegam
Freibad geh.

Als i selber no kloi gwä bin, do war ‚ins Freibad geh'
s'Gröschte. Kaum hab i's vowarta könna, bis end-
lich d'Schual aus war. Schnurschtracks bin i hoim
gschprunga und hab mei Muadr gnervt, wann's end-
lich Essa geba däd. Kaum isch's dann uff'm Tisch
gschtanda, no hab i's grad neigschlunga. Hinterher
sind hopplahopp meine Hausaufgaba nogschlam-
pert worda, aber dann, nix wie los ins Freibad. Oh,
des war herrlich. So vorückt bin i als Kind nach die-
sem Freibad gwä, dass mir schier Schwimmhäut
gwachsa wäret.

Irgendwann hat dieses uglaubliche Volanga aber
dann a bissle noochglassa. Heut zieht mi so a Frei-
bad nimme so magisch o wie früher. Im Gegateil!
Jedesmol, wenn i heut ins Freibad mit soll, lass i mir
neue Ausreda und Argumente eifalla, um net mit in
des Freizeitwässerle zu müassa.

Also des kloine Bäuchle, wo i vor mir herschiab,
isch net dr Grund. Des ghört mir, zu dem schteh i.
Aber dene ondre Leit ihre dicke Bäuch und ihre an
Überernährung leidende Körperteil mag i net so
gern ogugga. Au die ogeblich so guate Wasserqua-

lidät kann mi nimme überzeuga. Kaum taucht mr mol unter, no hat mr schpäteschtens beim Ufftaucha dr Schnodder vom Badenachbr in de Hoor hänga. Mi schüttelt's scho, wenn i bloß dro denk. Muass mr zu allem Elend mol uff dr Klo, no wär's besser, mr däd sich sei Sach voheba, als wie dort neizudappa. Vor allem, wenn mr koine Badeschlappa drbei hat. Alloi scho vom Nundergugga uff die urschprünglich weiße Fliesa juckt's oin doch scho saumäßich zwischa de Zeha. Do hilft au hinterher die Fuaßpilzdusche nix meh.

Wer scho mol am Freibadkiosk nach Pommfritz ogschtanda isch, dem vogeht sogar auf dieses edle Produkt deutscher Kochkunscht fascht dr Appetit. Fuffzich ondre Friteusafanatiker schwitzet und dränglet in oinra ugeordneta Menschatraub um'd Wette. Do merkt mr erscht, wie uognehm doch dr Körpergeruch, also der von de ondre Leut, isch. Außerdem schtört mi jedesmol die dicke Schicht aus Kartoffelschtäbla, die sich vor dr Kiosktheke breitdappt. Des bappt oim so an'd Füaß no, dass sich's kaum wieder abgrubbla lässt. Und seit die Halsabschneider für oin lummalicha Schpritzer Kätschap au no fuffzich Cent wellet, isch mir dr Appetit uff die Altölschtängela erscht recht voganga. Außerdem kriag i vom Rumliega uff dem boggelharta Rasa jedesmol dunderschlechtich Kreizweh.

Falls i doch mol ins Wasser muass, weil mi d'Kinder beinoh an de Hoor neiziaget, no fühl i mi schpäteschtens beim Rausgeh scho halber krank. Eigentlich däd mr sich die Brüah jo gern abwäscha, bloß

sind die Duscha in dene Freibäder so granata-
mäßich kalt, dass mr grad moina könnt, dr Teufel
däd oim nach'm Schnäpperle schnappa.

Zum Schluss, wenn sich dann jeder mit irgend-
ebbes ogschteckt hat, volässt mr endlich wieder
dieses uheilbringende Freibad. Voschwitzt, bebbich,
schtinkich und ganz beschtimmt mit Fuaßpilz und
Herpes gleichzeitich infiziert.

Jetz muass mr noch'n halba Kilometer über dr
Acker dappa, um schließlich sei überhitztes Auto zu
finda. Nach ugfähr zehn Minuta Türöffna und Ab-
kühla lassa, kann mr endlich neihocka und hoim-
fahra. Hoim, nix wie hoim. Jetz kann mr duscha, mit
a paar kühle Bierla die mit hoimgschleifte Keime
abtöta und den Freibadbsuach innerlich wie äußer-
lich abschüttla. So, jetz geht's oim wieder besser.

*

Ganz ehrlich, mi wundert, dass die Freibäder trotz
alle dene abschreckende Seita immer so voll
hocket. Vielleicht ghört des Badewässerle oifach
mol besser untersuacht und net bloß uff Bakteria
und Harnsäure, no dädet se wahrscheinlich fescht
schtella, dass mr von Chlor süchtich werda kann.

Die Geschichte vom Kampf und Untergang des edlen Ritters von Knall

Es lebte einst im Neckartal,
so ums Jahr anno dazumal,
der edle Ritter Heinz von Knall,
sein Name war wie Donnerhall.

Gefürchtet war er bis zum Rhein,
die Flucht ergriff man selbst am Main,
denn tödlich war des Ritters Zorn,
es war sein Duft, der wie ein Dorn
bis in die tiefsten Winkel drang
und unsichtbar den Feind bezwang.

*

Als junger Held mit zwanzig Jahren
wurd eine Rüstung ihm verpasst,
die maßgedengelt und genietet
den Körper voll und ganz umfasst.

Ein echtes Kunstwerk, schwer und edel,
aus millimeterdickem Blech,
sein ganzer Stolz, bis hin zum Wedel
aus Rabenfedern, schwarz wie Pech.

So schwankt er eisenschwer betucht
gemächlich ins Gemach,
wo er die Last zu lösen sucht
und alsbald nach dem Knappen ruft,
die Rüstung ihm zu heben,

um schlafend nach dem schweren Tag
nun wie ein Mensch zu leben.

Wie herrlich dieses Wohlgefühl
vom Eisenblech befreit,
so schläft der Ritter glücklich ein
und schnarcht – mal kurz, mal breit.
In hehren Ritterträumen kämpft
er heldenhaft und kühn
und kein Gewicht, das auf ihm liegt,
will ihn nach unten zieh'n.

Erquickt von solchem Heldenschlummer
träumt er sich bis zum Morgen.
Solch Schlaf vertreibt des Ritter's Kummer
und mit ihm alle Sorgen.

Des morgens nach des Bettes Ruhe
holt er die Teile aus der Truhe
und steckt und schraubt mit viel Geschick
sich in die Kleider und mit Glück
schließt sich die letzte Öse.
Drauf wankt er polternd aus der Burg
mit riesigem Getöse.

*

Für unsren Heinz, den Edelmann,
wurd's heute aber bitter,
denn nichts fürchtet ein Ritter mehr
als nahendes Gewitter.
So eine Rüstung zieht auf sich
elektrische Entladung

und früher wusste man noch nichts
von Blitzschutzfachberatung.

Der Blitz schlägt auf, die Rüstung glüht –
aus jedem Loch ein Funken sprüht.
Der Stahl wird weich und es verschließt
Schloss, Öse und Scharnier.
Die Rabenfeder dampft noch kurz
und fort ist ihre Zier.

Und drinnen wurd's dem Ritter warm,
doch lebend überstand
er diese Prüfung, denn er kühlt
mit Wasser sein Gewand.

Denn als er wurd vom Blitz getroffen
stand er am Wassergraben
und sprang, als er die Hitze spürt
hinab, ohne zu zagen.

Man zog ihn mühevoll heraus
auf dass er nicht ertrinke
und in dem tiefen, weichen Schlamm
des Grabens schnöd versinke.

Man wusch die Rüstung, putzte blank
und wollt sie von ihm heben,
doch fest verschlossen ward das Blech –
so musst er in ihr leben!

Da saß er nun, der arme Mann,
mit seiner Eisendose an
und konnt es nicht verhindern,

dass ab und zu die Notdurft er
ins Bleche musst entlindern.

Bereits nach ein paar Tagen schon
verändern sich die Lüfte,
denn aus der Rüstung steigen auf
gar fürchterliche Düfte.

Ja, alles was sonst flott und frei
verließ des Leibes Hülle,
das sammelt sich nun langsam an
in täglich größrer Fülle.

Hoch bis zum Hals und dort hinaus
zur Klappe des Visiers,
so lief die Brühe, weich und warm
bis auf die Fußscharniers.
Unsagbar dick, so stand die Wand
aus unbeschreiblichem Gestank.

Ein jeder Knappe, jede Magd
ergriff alsbald das Weite
und keiner, der nun hilfsbereit
und treu, stand ihm zur Seite.
Sogar der Koch, der nicht gut roch,
erkannte die Gefahr.
Ja selbst die Ratten aus dem Loch
verschwanden – wirklich wahr!

Die Speisen stellten morgens ihm
die Diener hin – geschwind.
Sie taten dies nur zögerlich
und stets gegen den Wind.

Sehr einsam war der Ritter nun,
doch edel, stolz und fest
und selbst die schlimmsten Wolken gaben
ihm lange nicht den Rest.

Nach zwei, drei Wochen, welch ein Glück,
war sein Geruchssinn taub.
Sogar die fetten, schwarzen Mücken
machten sich aus dem Staub.

Im Winter war er sogar froh,
denn ihm war herrlich warm
und kostenlose Energie entwich
beständig aus dem Darm.

Doch als der Sommer kam herbei,
da war's ihm nicht mehr einerlei
zu schwitzen und zu stinken.
Er lief zum Neckarufer hin
‚Hygiene' leitete den Sinn
und ließ sich sanft und ohne Hast
ins seichte Wasser sinken.

Schon tags darauf erntete er
geharnischten Protest,
denn seine Flussbadwäscherei
war nur für ihn ein Fest.

Die Neckarfische schwammen still
mit Bäuchlein hoch zum Rhein
und Wäsche, die man gestern wusch,
wurd löchrig, braun und klein.

Schon kurz darauf kam ein Erlass
mit dem Verbot, das kühle Nass
des Neckars zu benützen!
So stellte man sich gegen ihn –
ihm blieben nur die Pfützen.

Der edle Ritter Heinz von Knall
kam auch durch dieses nicht zu Fall
und stemmte sich voll Macht
gegen sein Schicksal, das so schwer,
dass man beinahe lacht.

*

Doch als das Land wurde bedroht
von Feinden aus dem Westen,
da stand er seinen Mann fürwahr
und gab sein Teil zum Besten.

Er schlich sich um das Feindesheer
(es hatte stark gewindet)
und blitzschnell war die Kriegerschar
kahl, zahnlos und erblindet.

Mit dieser Tat, da ging er ein
ins Buch der Weltgeschichte.
Doch traurig ist das, was jetzt folgt,
von dem ich jetzt berichte.

Im Lauf der Zeit, so peu à peu,
wurd's eng in seiner Rüstung
und schwierig wurde nach und nach
die nötige Entlüftung.

Und eines Tages war's soweit,
ganz ausgefüllt sein Eisenkleid,
kein Raum, kein Spalt mehr frei.
So qualvoll eng war's um den Leibe,
die Rüstung – seine letzte Bleibe.

War's nun der Trank oder die Speise,
was ihm verhalf zur letzten Reise?

Des morgens leerte er den Krug
mit reißig-herbem, neuem Wein
und aß dazu den fetten Schinken
vom wilden Hohenloher Schwein.

Dies nicht genug tat er sich laben
an Wirsingkraut und Lauchgemüs.
Kaum hat er alles dies genossen,
da bebte es bis ins Verlies!

Es drangen schreckliche Geräusche
hoch von der Burg ins Tal hinab.
Es wankt und zitterte die Erde
bis tief hinab ins tiefste Grab.

Ein Knarren, Ächzen, Brechen, Stöhnen
gespenstisch gar das dumpfe Dröhnen!
Ein unwahrscheinlich lauter Knall,
der Burgfried kam zu jähem Fall,
so groß die Eruption.
Wie ein Vulkan, so barst die Burg
und gelber Rauch stieg in die Stratosphäre.

Oh Ritter, schrecklich war dein Werk,
gereicht dir nicht zur Ehre.

So lieblich wie die Felder, Auen
war'n noch vor Tagen anzuschauen,
so hoffnungslos lag alles nieder.
Ja, man erkannt das Land nicht wieder.

Drum Wanderer, kehrst du an jene Stelle,
wo jäh verschied der edle Rittersmann,
so blicke um dich – und für alle Fälle
halt kurze Zeit den Atem an.

Man hat ihn nie gefunden,
den Ritter Heinz von Knall,
der plötzlich ward verschwunden
in einem Donnerhall.

Doch steigen dir Gerüche
unzweifelhafter Art
gefährlich in die Nase,
so dass dir nichts erspart,
dann kann es durchaus möglich sein,
dass er es ist, der ganz gemein
sich in die Stube schleicht.
Doch seine Düfte, sei gewiss,
die bleiben unerreicht.

Vielleicht bist selber du der Ritter
mit Hosenbodenfurzgewitter.

Mensch – mach dir's nicht zu leicht!

Mr weiß nie, was drinschteckt

- du kannsch guat aAusseh

- du kannsch liab sei

- du kannsch intelligent rausschwätza

- du kannsch a gepflegtes Äußeres haba

- du kannsch romantisch sei

- du kannsch a bissle Schotter haba

- du kannsch de Fraua zuhöra und se vielleicht sogar ab und zua voschteh

Kurzum, du kannsch alles haba, was sich des weibliche Geschlecht von ma Mo wünscht. Doch wenn du Käsfüaß hasch, bisch am End doch dr Depp.

Die neue Hos

Wir befinden uns in der Herrenabteilung eines großen Kaufhauses. Unser Karle steht vor der Umkleidekabine, seine Frau Lina hat schon eine Hand voll Hosen ausgesucht und hängt sie neben die Kabine.

Lina: So Karle, do hab i dir a paar Hosa. Mach nore und fang's Probiera o, aber lass laufa, mir hent sowieso koi Zeit meh!

Karle: Was heißt do, mir hent koi Zeit meh? Des bissle Zeit werda mr scho no haba. Mir hent au zwei Schtund Zeit ghett, bis mr für di a neis Koschtümle gfunda ghett hent!

Lina: Wieso? Des isch doch schnell ganga und außerdem isch a Koschtümle viel schwieriger zum kaufa wie a neue Hos!

Karle: Mei Hosa sind überhaupt net schwierich, höchschtens dann, wenn du beim Kaufa mit drbei bisch!

Lina: Du dädsch jo alloi gar nix finda!

Karle: I däd nix finda? Selber a halbe Schtund nach ma Pärle Schtrumpfhosa suacha und zu mir saga, i däd nix finda! Des

isch die gröscht Frechheit, sogar
uvoschämt isch des!

Lina: Jetz geb endlich a Ruah und schlupf in a
Hos nei!

Karle: *(zieht seine alte Hose aus und reicht sie*
seiner Frau. Diese hängt sie zu den
anderen auf die Stange)
Do hasch!

Lina: (bekommt große Augen, denn sie sieht ein
Riesenloch im Socken ihres Mannes)

Um dr Himmels willa, ha du Erzschlamper!
Wie sausch denn du rum? S'gröschte Loch
in de Schtrümpf und so gehsch du ins
Eikaufa?

Karle: **Du hasch doch ins Eikaufa wella!**

Lina: Aber doch net mit Löcher in de Socka!

Karle: **Des isch doch dei Schuld, wenn i so**
rumlauf! Dädsch du mir net so löchrige
Socka in'd Schublad nei, no däd i au net
so rumlaufa!

Lina: Ja hasch du koine Glotzböbbel im Kopf? Du
muasch doch seh, ob dei Schtrümpf hie
sind!

Karle: **Du hasch's doch au net gseh, sonscht**
hättsch mr's jo net in'd Schublad nei!

Lina: Jetz fang mr koin Händel o und schlupf in die Hos nei!

Karle: *(schlüpft hinein)*
Die basst net, die isch doch viel z'eng!

Lina: Wieso isch die z'eng?

Karle: **Weil se net basst!**

Lina: Die muass aber bassa, des isch doch dei Größ!

Karle: **Die Hosa schpannt am Ranza!**

Lina: Wahrscheinlich hasch zuagnomma, onderscht kann des gar net sei.

Karle: **I hab net zuagnomma! Die Hos isch z'kloi!**

Lina: Weil dr Ranza schpannt!

Karle: **Geb mr halt a ondre Hos her!**

Lina: (tut wie ihr gesagt)

Karle: **Siehsch, die basst! I hab doch glei gsa, i hab net zuagnomma.**

Lina: Ha freile, die Hos isch dr jo viel z'groß! Do hängt dr jo dr Arsch nunder wie wenn'd neigschissa hättsch.

Karle: *I hab nirgends neigschissa!*

Lina: S'sieht aber so aus!

Karle: *Wenn i neigschissa hätt, däd i's zerscht merka!*

Lina: (sagt nichts und gibt ihm die nächste Hose)

Karle: *(bruddelt)*

Blöde Hosakauferei. Mei Alte hätt's no zehnmol do.

(zieht die nächste Hose an und bruddelt weiter vor sich hin)

Lina: Aha, jetz gugg, die Hos sieht jetz aber net schlecht aus. Die basst eiwandfrei, do hängt nix im Schritt. Die nehma mir!

Karle: *Noi!*

Lina: Wieso noi? Die Hos basst doch!

Karle: *Die gfällt mr aber net!*

Lina: Do kommt's doch gar net druff o. Hauptsach isch doch, sie basst.

Karle: *I will se aber net! I hab no nie a karierte Hos wella und i will au heut koine, au net, wenn se basst!*

(zieht die Hose wieder aus)

Die kannsch glei wieder naushänga!

Lina: Mir hätt se gfalla.

Karle: Muass i mit rumdappa oder du?

Lina: Du weisch halt net, was modisch isch.

Karle: I will nix Modisch's! I will a Hos, wo mr gfällt!

Lina: (nimmt die nächste Hose ruckartig von der Stange) No probiersch halt die!

Karle: *(schlüpft widerwillig hinein)* Aua, Dunderwetter, jetz hat mi ebbes gschtupft. Aua, scho wieder!

Lina: Was isch denn jetz scho wieder?

Karle: Kannsch du net besser glotza, ob do was drinschteckt?

Lina: In ra neua Hos sind koine Schtecknädela!

Karle: Aber mi schtupft ebbes!

Lina: Du bisch halt empfindlich!

Karle: I wöllt amol dei Gschrei höra, wenn di ebbes schtupfa däd! S'ganze Kaufhaus däd zammalaufa.

Lina: (schreit) I hab no nie gschria und erscht recht net im Kaufhaus!

Karle: *Bloß nix zuageba.*

Lina: Was isch jetz mit der Hos?

Karle: *(zieht sie ganz vorsichtig wieder aus)*
I will koi Hos, wo schtupft! Wenn du mir koi Bessere bringa kannsch, gehn mr wieder hoim!

Lina: (reicht ihm wortlos die nächste Hose)

Karle: *(zieht sie an und betrachtet sich)*
Die Hos basst und schtupfa duad au nix.

Lina: Lass mol seh. Ja guat, die Hosa nehma mr!

Karle: *(zieht die Hose aus und schaut dabei aufs Etikett)*
Ha wie! 130 Euro für oi Hos? Des kann doch net sei! Lina, ghört do no an Kittel drzua?

Lina: Noi, do ghört koin Kittel drzua.

Karle: *Des isch doch aber viel zu teuer!*

Lina: Des isch net teuer! Wenn'd was Gscheit's willsch, muasch halt a paar Euro meh nolega.

Karle: *I will aber koi so a teure Hos!*

Lina: Qualität hat eba sein Preis.

Karle: Und der isch mir z'hoch. So an haufa Geld für oi Hos! Noi, so leicht vodien i mei Geld au wieder net! Jetz gugg i selber, s'wird sich doch ebbes Günschtigers finda lassa.

(Er geht aus der Kabine und holt sich selbst eine Hose von der Kleiderstange. Während er diese anzieht, bruddelt er weiter.)

I schmeiß doch dene Kaufhauskonzern net grad so s'Geld in Racha nei!

Lina: (resignierend) Wenn'd moinsch.

Karle: *(ganz stolz)*
So, was sagsch jetz? Oimol noglangt und scho die richtich Hos. Die basst wie ogossa. Bequem, leschär, koine Nädela, so muass a Hos sei! Die wird gnomma!

Lina: Die Hosa kannsch glei olassa!

Karle: Wieso soll i jetz die Hos glei olassa? I muass doch erscht an'd Kass!

Lina: Noi, mit der Hos brauchsch net an'd Kass!

Karle: Wieso? Gibt's heit ebbes umsonscht?

Lina: Oh du Allmachtsdackel – du hasch dei eigene Hos ozoga!

Schprunghaftes Vohalta

Im Gras hopft a Fröschle,
s'hopft so vor sich no.
Die Katz schleckt ihr Göschle
und schleicht zua'em no.

Sie däbelts a bissle mit ihre Pfoda,
s'Fröschle macht Hopfer
und gwinnt schnell an Boda.
Die Katz hinterher, erscht zögernd no flott,
so geht's über d'Wiesa im Hopfschprung-Galopp.

Ins rettende Nass mit oim großa Hupfer –
die Katz, die hebt ab mit oim Riesalupfer
und platscht voll Karacho in dr algiche Seich –
ja, wenn sie koi Fell hätt, no wär se jetz bleich.

Sie schtrabbelt und paddelt grad wie von Sinna,
ums trockene Ufer alsbald zu erklimma.
Ihr Hoor schtellt se naus wie elektirisiert,
oh Kätzle, die Lektio, die hasch fei kapiert.

Im Gras hopft a Fröschle,
s'hopft so vor sich no.
Die Katz schleckt ihr Göschle –
und langt's nimme o.

Der große Drang

So ab und zua voreist au mol dr Schwob. Onderswo kann's grad so schö sei, net bloß bei uns drhoim. Außerdem will mr jo seim Geischt dann und wann mol ebbes Guat's zuakomma lassa. Denn ebbes onders seh isch so wichtich wie Zeitung lesa. Drübernaus kann mr erscht dann beurteila, wie guat's uns hier im Ländle geht, wenn mr au mol über dr Tellerrand nausguggt. Zudem gibt's Ziele, die gar net so weit weg sind, als dass mr sich net mol so'n kloina Kurzurlaub leischta könnt.

Was soll i jetz no lang rumschwätza, des neueschte Ziel meiner reiselustigen Gattin lag im Herza von Frankreich. Eine viertägige Busreise in die gallische Metropole. Paris – die Stadt der Liebe und Weiß-brotschtanga.

Mir waret zwar scho vor 20 Johr mol in Paris und mir denkt's no wie heut, doch mei bessre Hälfte hat gmoint, nach so langer Zeit hätt sich beschtimmt viel voändert und unsre Kinder däd's au intressiera. Wega mir hättet mr au unsre Fotos vom letschta Mol ogugga könna, aber in ra Familie mit 75 Brozent Frauaoteil ziagt mr eba meischtens dr Kürzere. Basisdemokratisch, also mit satter Dreiviertelmehrheit überschtimmt, sind sogleich die vier Däg voplant worda.

Wenn's nach meine Kinder ganga wär, hätt i die volle Zeit in dem amerikanischa Disniländ rumdappa müassa. Aber erschtens isch des gar net direkt in Paris, zweitens orientieret sich die Eintrittspreis für diese Comic-Ausschtellung am Eikomma eines gewissa Dagobert Duck und drittens hab i net wella. Doch mei Frau hat sich breit schlaga lassa und n'ganza Dag ihres Lebens geopfert.

Große Schtadtrundfahrt, Eifelturm, Sacre Coeur, Flohmarkt, Notre Dame. Dr Zettel, wo mir überall no gwellt hent, war glei voll. I wollt ubedingt noch die Fahrt an die Loire-Schlösser mitmacha – und des alles in vier Däg.

Paris, so mit unsrer Heimatgemeinde voglicha, isch scho gewaltich. Dieser Vokehr war total ugwohnt, vor allem diese Menge von alte Roschtkischta, wo do rumgfahra sind. Gell, diese Franzosa, die fatzet in einem solcha Affazoh über die Schtroßa und Plätz, ohne dass irgendwo boggelt. Däd mr diesen Sauvokehr uff Schtuagert übertraga, ha no däd's an alle Ecka scheppern.

Und überhaupt, diese riesige, breite Boulevards. Die sind so breit, dass do bei uns drhoim a ganze Baulandumlegung Platz hätt. Riesige Bauplätz mitta in dr Schtadt! Die hätt mr bei uns scho längscht meischt bietend voschachert und ausgmoschtet.

Unser Hotel, bsonders unsre Zimmer waret drgega eher kloi. Eigentlich z'kloi, wenn mr dr Preis drfür betrachtet. Aber wer, außer de Schwoba, guggt

scho uff's Geld, wenn'r im Urlaub isch. Dr Früh-
schtücksraum war net größer wie unser Wohn-
zimmer, aber trotzdem hent do drin locker vierzich
Leut Platz gfunda. S'hat onnaweg gschmeckt, au
wenn mir vor lauter Platznot unser Baguettle hent
hochkant essa müassa.

Glei nach'm Frühschtück sind mir los, jo nix vo-
passa! Vier Däg sind glei rum. Dies und jenes
ogugga, a paar Bilder macha und nebaher Hunger
kriaga. Die Auswahl an Zwischamahlzeita in dieser
Weltschtadt isch sehr groß. Mr kriagt Baguettla mit
Käs, Baguettla mit Schinka, Baguettla mit Eier und
Baguettla mit Salat oder au Baguettla gmischt mit
allem. Mr schpart Zeit und braucht erscht gar koi
rote Wurscht, Pommfritz oder Fischweckla suacha.
So a Baguettle, am beschta mit Cola, isch außer-
dem viel ukomplizierter und macht au satt.

Leider bringt solcherlei ausgiebiches Essa und
Drinka au seine Nachteile in Form von menschliche
Bedürfnisse mit sich. Und eba diese Bedürfnisse zu
befriediga isch in dem große Paris gar net so oifach
gwä. Zu viert hent mir Ausschau nach ma passenda
Klohäusle ghalta. Wo mir dann glücklicherweis ois
gfunda ghett hent, war's dummerweis grad am
Überlaufa. Also was soll mr macha? Schtundalang
voklemma isch ugsund und außerdem gfährlich und
noch länger weitersuacha wär no viel schlimmer
gwä.

In so ra Notlage überfällt mr im volla Rudel s'erscht
beschte Lokal und wird nach fünf Sekunda höflich

wieder nach drauße komplimentiert. S'nächschte Lokal zu finda war relativ schwer, weil mr mit ma voklemmta Schritt eba net so guat laufa kann. Nach ugfähr zwanzich Meter isch uns endlich a weiteres dieser einladenden Restaurants begegnet. Aus der bitteren Erfahrung des vorhergehenden Voweises bin i erscht amol alloi dort nei und ugfrogt schnurschtracks dem Toilettaschildle nooch, immer weiter nach hinta und dann noch d'Kellertrepp nunder.

Aber dann, endlich dieser Raum des Glücks, diese Schtätte der ehrlichen Freude, diese Wallhalla der menschlichen Erleichterung.
Die Franzosa wisset genau, uff was es okommt und so waret mittels Automat vor Eintritt in diesen Wonnetempel zerscht mol fuffzich Cent zu entrichta. I hab nimme noochdenka könna und unter immer dringender werdendem Druck des passende Kloigeld gsuacht. Mit dem herrlicha Gfühl, eine Schatzkammer zu öffna, hab i dann grad no mit letschter Kraft des Klotürle uffbrocht. Die Vomutung, hinter so ra teura Tür a klois Paradies zu erblicka, täuschte gewaltich. Unter Widerwilla entledigte ich mich meines Bedürfnisses. Gewissermaßa erlöst hätt i jetzt gern au no a paar hygjenische Blättla gfunda, aber zum Glück hat mr für solche Notfäll immer ebbes drbei.

Wie vorher abgschprocha war jetzt au scho des nägschte Familiamitglied zur Schtell. Also schnell naus, d'Tür heba, damit sie net eischnappt und mr womeglich a zweits Mol zahla muass und oba Bscheid geba. Zum Glück hent mir gnuag Tembo drbei ghett, sonscht wär die Sach am End a bissle uguat ausganga.

Nach dieser Odysee hätt dr Rescht meines Lebens uff dr Schtell beginna könna. Es isch uns alle ubegreiflich, wie des all die ondre Leut in Paris machet. S'muass doch jeder mol uff dr Klo, au dr Franzos! S'wird eba in Frankreich genau so sei wie bei uns drhoim – an de kloine Sacha wird gschpart. Vielleicht schparet se so in Paris, damit's für die große Plätz und Boulevards langt.

Nach dieser schmerzlicha Erfahrung hat koiner meh ebbes essa oder drinka wella. Doch ausgrechnet woanderscht hat mr viel meh Hunger wie sonscht. Gell und mr sott au, wenn mr scho mol in Paris isch, wenigschtens oimol typisch französisch Essa geh. Mr will jo dieses ganz bsondere französische Lebensgfühl au mol so richtich hautnah an sich no lassa.

Also sind mr obends in a Pizzeria neiganga und dieses beschleichende Gfühl der Enge war scho wieder do. Die Tischla, an die mr uns nogsetzt hat, waret so groß, wie bei uns drhoim d'Veschperbrettla. Jetz wo no mit'm Fotoaparätle, wo no mit de Rucksäckla? Am beschta, mr schtopft alles unter dr Tisch und suacht sich für d'Füaß an neua Platz.

Und ehrlich, in der ganza Schtund, in der mir in dem Reschtaurant gwä sind, hat net oiner von de Gäscht uff's Örtle müassa. Eigentlich isch's jo logisch, dass die Franzosa net so oft saua müasset wie mir, weil, wenn mr's so wie die gwöhnt isch, dass mr Dag für Dag schtundalang mit voklemmte Füaß am Tisch hocka muass, duad mr sich doch automatisch s'Bläsle vowürga und's Schnäpperle abdrücka. So lernt mr eba überall ebbes drzua, mr muass bloß wella!

Trotzdem war die Reise nach Paris arg schö. So viele Eidrück, so viele Sehenswürdichkeita. Bereits nach a paar Däg hat mr alles, was net ganz so gwä isch, wie's hätt sei solla, großzügich vodrängt.

Jetz kann mr wieder breitboinich nohocka und jedem vozähla: *„Paris? – War klasse!"*

*Ein jeder Schwabe weiß: Wenn man auf dem Klo
sitzt, kann man kein Kraut hacken. Und doch kann
man auf diesem Thron viel mehr, als nur sein Ge-
schäft verrichten. Man kann zum Beispiel Zeitung
lesen, sich seine Fingernägel säubern oder einmal
so richtig ausschneuzen. Ein waschechter Schwabe
jedoch, der kann nebenbei auch noch sparen – und
wie!*

dr Blättlesscheißer

Mit einem Blättchen kann man sparn,
kann man im Lande hier erfahrn.
So wie der Schwabe fühlt und denkt
und wie er die Geschäfte lenkt.

Muss er zur Sitzung auf den Ort,
steht er auch hier zu seinem Wort:
„Im Sparen liegt Gewinn.
Ich spare, wo ich geh und sitz,
weil ich ein Schwabe bin."

Er nimmt ein Blättchen akkurat,
legt schön die Schüssel aus.
Mit einem Blättchen gleitet so
der Sparerfolg ins Haus.

Er spart an Wasser nicht zu knapp,
denn's Blättchen bringt's Geschäft auf Trab
und schwupps bis um die Biegung.

Die Schüssel selber bleibt blitzblank,
welch wundersame Fügung.

Er spart an Zeit, die er nicht braucht,
um hinterher zu bürsten.
Erleichtert spürt er Hochgefühl,
wird thronend so zum Fürsten.

Zeitung lesen, Wasser sparen
und noch Zeit gewinnen,
nebenher s'Geschäft verrichten,
kann man nur hier entsinnen.

Als ‚Blättlesscheißer' tituliert
wird so der brave Schwabe,
doch dieser Titel drückt nur aus
des Künstler's große Gabe.

Die Kunst, die Dinge so zu sehn,
dass Freude daraus dringt,
selbst, wenn die Sache übel riecht
und flupps im Loch versinkt.

a bissle...

- ➢ a bissle luschtich
- ➢ a bissle ausglassa
- ➢ a bissle übermütich
- ➢ a bissle guatgläubich
- ➢ a bissle bsoffa
- ➢ a bissle schwanger

- ➢ a bissle – aber jo net z'viel

* * *

S'isch immer ebbes

Dädsch du mir am Samschdich helfa Holzdecka nuffmacha?
> *I weiß no net, ob i Zeit hab.*

Hättsch nägscht Woch Zeit? No voschiab i's halt.
> *Nägscht Woch – vielleicht, aber des kann i dir no net genau saga.*

Gell, allaweil bisch schwer im Schtress.
> *Ja, mr sott oifach meh Zeit haba!*

I hab a Fläschle Rota hoba. Drinksch a Gläsle mit?
> *Des brauchsch mr fei net zweimol saga!*

Königlich

Fruchtschelee und Konfitürla
sollet sich uff's Brot nuffschmiera
alle die, wo so was mega,
bloß i als Schwob, i bin drgega!

Farbschtoff, Süaßschtoff, Konservierung
isch üblich heut zur Brotlaibschmierung.
Sich vor dr Induschtrie zu beiga
des mag i net, do bin i eiga.

Weltweit importierte Früchtla
kommet heut ins Gläsle nei.
Ureif zopft, gschpritzt, dass net schimmelt –
ha schtellt sich do dr Glischta ei?

Denk doch mol nooch, wie war des früher!
War des net des höchschte Glück,
wenn mr kriagt hat von dr Muadr
a dick bestrichnes Gsälzbrotschtück?

Aus Quitta, Breschtling, schwarze Träubla
voller Gschmack und sonnareif,
do machet unsre Schwobaweibla
a Sache, dass dir d'Schpucke läuft.

Oh wie duftet's aus dr Küche,
oh wie köchelt's uff'm Herd.
Eigas Gsälz vom eigna Garta,
ehrlich, des isch goldeswert!

Endlich, frisch kocht, warm genießa,
des isch wahrer Hochgenuss.
Hoffentlich begreift's a jeder
und kommt dadurch zum Entschluss:

Glei scho morga dua i gsälza,
lass die Gläsla im Regal.
Vom Rasa schor i um die Hälfte
pflanz Büschla nei in großer Zahl.

I mach mr mei eigas Gsälz
aus frische Früchtla voller Gschmack.
Dr Lumpagruscht, den lass i schteh,
mei eigas Gsälz bringt mi uff Zack.

*

Gsälz, du bisch ein eigen Ding,
süß und fruchtich, fascht geheim.
Als Schwob, do hat mr so sei Mugga,
doch dir geh i gern uff dr Leim.

Und hasch du no an Hefezopf
und Butter obadrei,
dann kannsch du hier im Schwobaland
grad wie'n Könich sei.

Fascht wie vom Juwelier

Die echten Schwaben sind ein besonderes Urgestein. Ein Juwelier würde sagen, sie sind:

> ➢ *hart*

> ➢ *ungeschliffen*

> ➢ *selten*

> ➢ *unverwüstlich*

> ➢ *nicht frei von Einschlüssen*

> ➢ *oft unscheinbar*

> ➢ *schwer zu entdecken*

Kurzum, sie haben eigentlich viele Eigenschaften eines Rohdiamanten. Doch sie sind trotz allem äußerst facettenreich, voller Funkeln und überaus wertvoll!

*

Mir Schwoba sind halt ebbes bsonders – und hoffentlich uvogänglich!

d'Feschtlesflut

Jetz isch wieder Feschtleszeit, wo mr noguggt feschtelts: Schtroßafescht, Gassafescht, Weifescht, Brunnafescht, Heckafescht, Mauerfescht, Göggelesfescht und no viel mehr Feschtla. Überall! S'gibt scheint's koi Ding, wo drüber mr bei uns im Ländle net feschtla könnt.

Und's kann sei wie's will, aber uff alle dene Feschtla hockt's dermaßa dunderschlechtich voll, dass mr sich bloß no wundra kann, wo die haufa Leit bloß alle herkommet.

Am hella Samschdich, scho mittags am fünfe! Mr sott glauba, die hättet alle nix zum do. Koi Bohmschtückle zum mäha, koi Häusle zum ebbes richta, koi Gärtle zum felga, koin Hof zum kehra und koi Treppahaus zum fega. Oifach nix zum do.

Zum Beischpiel am letschta Wochaend. Fünf Feschtla, wo mr normalerweis no sott und alle in dr nägschta Umgebung. Aber, wo soll mr no? Die uff'm Göggelesfescht, die hent immer so'n guata grillta Bauch. Am Gassafescht gibt's Siadfleisch mit Meerrettich, wo letscht Johr fascht besser gschmeckt hat, als wie drhoim. Und de Landfraua ihrn guata Schweinebroata mit Ebirnsalat isch no nie schlecht gwä, bsonders net dr Ebirnsalat.

Jetz, was soll mr macha? Wo geht mr no? Des mit dr Speisenauswahl könnt mr vielleicht grad no eirichta, aber wenn i mir überleg, wo mr sich überall seha lassa sott, no wird's scho a bissle schwiericher.

Beim Musikvoroi seim Mauerfescht hat mr natürlich Vopflichtunga, weil die bei uns uff'm Weifescht jedesmol als Gaschtkapell drbei sind. Ja und bei de Hasaböbbela am Schtroßafescht müasst mr au vorbei, weil do dr Nachbr im Eisatz isch. Und meiner Frau ihr Schualfreindin däd sich au freia, wenn mr bei ra am Heckafescht neigugga. Ha, mr sott sich grad voreißa könna!

Uff zwei Hochzeita tanza, des will mr net. Bloß wenn mr net mindeschtens zwei Feschtla am Dag mitnimmt, no kommt mr net rum. Zwei samschdichs, zwei sonndichs und am Mondichobend no mol uff ois. Des gibt wunderbar erfüllte Wochaenda. Durchanonder drinka, abwechslungsreich essa und dr Körper grad von oinra Biertischgarnitur uff die onder bewega. Doltsche vita – mitta im Schwobaländle!

I moin – also i weiß net, wie's euch nach so vier bis fünf voll durchzogene Feschtleswochaenda geht – also i kann nimme. Mir hänget die sogenannte Schpezialidäda, die fettiche Grillwürscht, die obrennte Rieslingschnitzel, die altöl-gschwängerte Vierkantschpätzla, die soßawürfel-vofeinerte Gourmeepfännla, die induschtriell produzierte und vakuumvopackte Fascht-Fuud-Feschtles-Ferdichgerichte dermaßa aus'm Hals naus, dass i's nimme seh und no wenicher riecha kann. Und wenn i dann noch mit ogugga muass, wie se direkt vor de Leut

aus ma riesagroßa Blaschdichbeutel fuffzich Por-
tiona ‚Großmutter's Schwabentöpfle' uff oimol in so
a Allmachtspfanna neisaua lasset, no kommt mr's
scho fascht hoch. No isch mir's grad so, als ob die
ganz Feschtleswelle direkt über mir zammaschwap-
pa däd.

Sollta mir am nägschta Wochaend ebbes unter-
nehma wella, no gugga mir vorher ganz genau in dr
Vooschtaltungskalender, damit mir jo nirgends no-
komma, wo vielleicht grad a Feschtle isch. Mir
suachet ganz bewusst a feschtlesfreie Zone – und
wenn's drhoim uff'm Sofa sei muass. So richtich
erhola und abschalta – ohne Bloosmusik, ohne
Fettschwada und ohne des Gfühl, dass mr ebbes
vosäuma däd. Oifach mol Leib, Füaß und Seele
baumla lassa, wenichschtens für a paar Schtündla.

Mr kann jo au no obends, wenn mr Hunger kriagt,
vielleicht uff irgendoi Feschtle geh...

Selber schuld

Des Rosaböbbele, des drückt
und au dr Schweinebrata.
Was soll mr oim, den's ploogt und zwickt,
in so ma Fall bloß rata?

„Schnell leg di no und lupf dei Füaß
und schnall dein Gürtel auf.
Vielleicht nimmt des, was di so quält,
von ganz alloi dr Lauf.

Komm, geh a bissle naus vors Haus,
um Sauerschtoff zu schnappa.
Wenn's oim dr Ranza schier voreißt,
hilft oft a bissle dappa.

Drink schnell a Schnäpsle, des duat guat,
des löst dr Druck geschwind.
Dr Zwetschgaschnaps voteilt die Sach,
wenn der durch'd Kehle rinnt."

Also guat, i lass mir helfa,
i nehm'n o, den letschta Rat.
Geh schnell an Schrank und hol des Fläschle,
dann schreit i uff dr Schtell zur Tat.

„Des wär no schöner", schimpft mei Frau,
„dein Schnaps, den kannsch vogessa,
denn schließlich bisch jo selber schuld –
hättsch halt net so viel gfressa!"

Oifach genial

Hier soll jetz berichtet werda,
aus kundigem Genießermund,
vom Schlemmerhimmel hier auf Erda,
passt auf und hört die frohe Kund.

Unbekannt im fernen Oschten,
nie probiert am kalta Pol,
am Ganges kann man es nicht koschten,
nur Unvoschtändnis in Tirol.
Nie gesehn im Reich der Mitte,
nie verschpeist am Wolgaschtrand,
in Mexiko isch es nicht Sitte,
doch wohl bekannt im deutschen Land.
Dort im tiefa, wilda Süden
haust ein rauher Volkesschtamm,
der sich ernährt von solcher Schpeise,
worüber mr nur schtauna kann.

Braun und pampig, dick und fescht,
so köchelt's blubbernd uff'm Feuer.
Der Anblick myschteriöser Masse
isch für die meischten nicht geheuer.
Die Konsischtenz schier unausschprechlich,
zum Wohlbefinda unerlässlich!
Es isch ein Fescht für alle Schwaben,
an dieser Schpeise sich zu laben.

Jeder schtreckt sofort den Hals,
wenn er das schlammich Warme sieht,
jedoch ein echter Schwabenknochen

lebt auf und singt das hohe Lied.
Nur so lässt sich vielleicht verschtehn,
dass scho die Babys do druff schtehn.

Kaum, dass die Schoppazeit vorbei,
wird ausgelöffelt dieser Brei.
Voll Wonne greift mr mit den Fingern
nach glitschich-weichen, warmen Dingern,
macht schnell a Fäuschtle und presst aus –
wie wundervoll, es quillt hinaus
aus den kloinen Fingerritza,
um schö uff Tisch und Schtuhl zu schpritza.
Ein Prägemuschter an dr Wand
zeugt von Kultur im Schwobaland.

So ernährt gedeihn die Jungen,
schnalzet glücklich mit den Zungen.
Errötend zeugen Kleinkindwanga,
dass sie von solch Genuss gefanga.
Selbscht wenn die erschte Zähnla blitza,
saugt mr die Masse durch die Ritza.

Doch nun volangt dr Mensch nach mehr,
feschtere Brocka müasset her,
um mit de Zähnla druff zu beißa.
,Mehlwürmer' werdet zugesetzt,
die aber gottlob onderscht heißa.

Aus Salz und Wasser, Mehl und Ei
wird angerührt ein zäher Brei,
und dann auf einem Brett aus Holz,
do schabt die Schwäbin voller Schtolz
und mit unerreichtem Können
Wergel, die sich ,Schpätzla' nennen.

Direkt in kochend heißes Wasser
fallet diese dann hinein,
um kurz drnoch im Topf zu schwimma,
zweimol so dick im Nachhinein.

Schnell abgeschöpft mit einer Kelle,
kalt abgeschpült, flott auf die Schnelle.
Zusammenpappa soll's ja nicht,
denn isch die Nahrung noch so schlicht,
nur durch geschickte Küchenkünschte
verlassen sie der Küche Dünschte
als oifach herrliches Gericht.

Nun die Linsa beigefügt,
oh, welch glänzend braune Masse.
Diese Traumkombination
aus Oifachheit ergibt die Klasse!

Scho alloi dr Duft schteigt hoch
bis in die Nasanebahöhla –
jetz noch uff die Mahlzeit warta
hieße des Verlanga quäla.
Blanke, leuchtend helle Auga
blicket in die heiße Schüssel.
Dem Kloikind und dem alta Greis
tropft klarer Schpeichel aus dem Rüssel.

Dieses Feschtmahl isch des Gröschte,
was sich im Schwobalande findet,
so wird es glaubhaft jedenfalls
täglich tausendfach vokündet.

Doch noch höher die Genüsse,
fascht wie heißer Liebe Küsse

isch es, wenn noch halb vosunka,
von dampfend heißem Brei umschmiegt,
eine frische, leicht gerauchte
Saitenwurscht do drinna liegt.
Feingewürzt und knackich fescht,
des gibt dem Hochgenuss dr Rescht.

Kann es sein, isch dies mitunter
dr Grund für Schwaben's Wirtschaftswunder?
Für diesen brava Menschaschlag,
der schaffend au no denka mag,
der Hochleischtunga produziert,
beim Eigalob sich aber ziert,
sich übt in arbeitssamem Fleiße,
bescheida bleibt – so wie die Schpeise!

Mr sieht's am knitz voschmitzta Grinsa,
es sind die Schpätzla und die Linsa,
die uns als Schwoba eisern schtähla.
Sind die in uns, kann uns nix fehla.

*

Hoch im Olymp der Götterschpeisa,
da wolla mir se ewich preisa.
Natur, oh lass ihn nie versiega,
den Quell der wundersamen Schpeise
und nimm uns immer wieder mit
auf göttliche Lukullus-Reise!

56 Unterhosa

Bei diesem Tatsachenbericht handelt es sich nicht, wie man vielleicht der Überschrift entnehmen könnte, um eine unter der Gürtellinie angesiedelte Geschichte. Vielmehr dreht es sich hierbei um die ganz normalen Reisevorbereitungen einer soliden, schwäbischen Ehefrau und Mutter.

* * *

Die Sache war so: Für einen geplanten 14-tägigen Urlaub waren natürlich rechtzeitig vor Reiseantritt die Koffer mit den entsprechenden, hoffentlich benötigten, Utensilien zu füllen. So kamen neben Nähzeug, Schuhputzzeug, Waschpaste, Erfrischungs- und Reinigungstüchern auch eine Reiseapotheke, Sprachführer und jeder Menge weiterem unnötigem Ballast wie die entsprechende Stückzahl an Unterwäsche ins Reisegepäck.

Nun, die Rechnung war leicht gemacht. Bei einer Familie von vier Personen und vierzehn Tagen Aufenthalt wurde jedes Stück eben viermal vierzehn Mal benötigt. Die Aufstellung lautete also wie folgt:

56 Unterhosen
112 Socken
56 Unterhemden bzw. Leibchen

Gerade bei den Unterhosen wurde natürlich ein genügend großer Puffer eingeplant für den Fall, dass man im Urlaub etwa Verdauungsprobleme bekommen sollte. So kamen locker 250 Kleinteile

zusammen, die alleine schon die zwei größten Reisetaschen füllten. Noch heute, nach überstandenem Urlaub, ist es mir noch immer unbegreiflich, wie mit all den Kleidungsstücken, Schlaftieren, Hausschuhen, Sonnencremes und -schirmen, Fotoapparaten, Luftmatratzen, Schminktäschchen und Kleiderbügeln, Butterkeksen, sonstigem Notproviant, Wasserbällen Luftpumpe und vielem weiteren Ballast die Reise überhaupt noch angetreten werden konnte.

Neidvoll betrachtete ich sogar all die anderen Urlauber, die mit winzigem Gepäck und ohne Strapazen die Erholung antraten.

Ich als Mann werde sowieso nie verstehen, warum man 56 Unterhosen und noch zusätzlich Waschmittel braucht, um sich im Urlaub entspannen zu können. Schließlich kennt einen in der Fremde doch niemand, da macht es folgerichtig doch auch nichts aus, wenn man etwas strenger riecht. Überhaupt hat man doch die meiste Zeit sowieso nur die Badesachen an, bräuchte also gar keine Unterwäsche und müsste, wenn überhaupt, viel mehr Badehosen wie Unterhosen mitnehmen. Aber hier setzt die Logik aus und füllt sich der Koffer mit Spitzen- und Feinrippqualität.

Bei künftigen Urlaubsplanungen rechne ich schon jetzt die Anzahl der Tage in Unterhosen hoch. So wird automatisch durch die hohe Summe auch der Erholungswert entsprechend größer.

Happy feeling, dank 56 Unterhosen!

Heimliche Herrscherin

Runde, pralle, reife Beeren,
grünlich, golden, feiner Glanz.
Gern sollt ihr meine Ruhe stören,
euch gebührt der Ehrenkranz.

Mit frischer Säure, feinem Duft,
mit allen Gaben überhäuft,
zeigst du uns welch ungeheure
Kraft in deinen Trauben reift.

Stets brauchst du die besten Lagen,
so nur bringst du Qualität
und die hat uns viel zu sagen,
wenn sie im Glase vor uns steht.

Nicht umsonst wirst du gepriesen
als Königin der weißen Reben.
Drum lass dich ganz bewusst genießen,
lass dich trinken, lasst uns leben.

Steh'n die Zeichen auch auf ,rot',
macht uns dieser Trend nicht scheu,
als Genießer hält man fest
und bleibt seinem Weine treu.

Rieslingrebe lebe hoch,
komm ins Glas und zeige dich.
Regiere auf den schönsten Hügeln –
Königin, verlass uns nicht.

Unterschiede

Der Weinstock trägt die Früchte oben
und unten die Kartoffel.
Die einen stehen obenauf,
andre unter'm Pantoffel.

Das Weinglas, das hat einen Bauch
und spiegelt in der Sonne.
Der eine schiebt ein Bäuchlein nur,
der andre eine Tonne.

Der Wein erfreut des Menschen Herz
und öffnet ihm die Seele.
Der eine trinkt ihn mit Verstand,
beim andern rauscht die Kehle.

Des Weines Geist steigt hoch hinauf
und weckt was tief verborgen.
Der eine lebt und singt und lacht,
der andere hat Sorgen.

So sind die Dinge wohl verschieden,
der Wein schafft Unterschied.
Der eine steigt zur wahren Größe,
der andere bleibt trüb.

dr Kloitierzuchtvoroi
oder
das traurige Ende der anonymen Giggerla

Jede Menge Tierla gibt's
im Ländle um uns rum
und wenn du selbscht an Vogel hasch,
nimmt dir des koiner krumm.

Ob Schuppa-, Hoor-, ob Federvieh,
ob groß oder ob kloi.
A jedes Vieh isch integriert
im passenda Voroi.

Dr Kloitierzüchter vornedro,
der schafft und duad wie wild,
denn im Voroi, do isch er des,
was er drhoim net gilt.

Do gibt's dr Vorschtand, dr Kassier
und oiner no zum Schreiba.
Au jede Menge Ausschussleit,
die's manchsmol übertreiba.

*

Wie jedes Johr am Sommerfescht,
do hat mr uscheniert,
vor allem ohne viel zu denka,
des Feschtprogramm gekürt.
Dr Ablauf samt dr Schpeisekart,

die wurda über Nacht
mit ugezählte Viertela
so guat's ging ausgedacht.

Zuerscht, so wurde feschtgelegt,
do soll des Kloitiervieh
sich schtolz vor seine Prüfer schtella,
herausgeputzt mit Müh.

Dr Kamm geschwolla, s'Schtroh voschissa –
trotz Hüahnergschrei, die Prüfer müssa
nach jedem Hinkel oinzeln glotza
und wirklich, es gibt viel zu motza.

Dr Schnabel krumm, die Füaß net grad,
dr Rücka schräg schtatt akkurat,
die Farbe schwach und ohne Glanz,
die Haltung schepps und z'kurz dr Schwanz.

Doch trotzdem gibt's der Preise viele
bei diesem Kloitierzüchterschpiele.
Und hasch du au die letschte Henna –
hasch erscht an Preis, brauchsch nimme flenna!

Mit schtolz geschwollner Züchterbruscht
hat mr uff's Leba wieder Luscht.
Vor allem Hunger und au Durscht
kriagt mr vom Prüfa, doch koi Wurscht
derf in dr Züchtermaga nei –
es muass an grillta Gockel sei!

Oh seht ihr nicht den Trauerblick
von hundert Hühnern aus den Gittern,
die Angscht erfüllt und voller Qual
au um ihr oiges Leba zittern?

Do kräht die Berta und die Liese,
die Lore und die Edeltraud
und wie die Hüahner alle heißat,
a Trauerlied, dass oin schier graut.

Fuffzich nackte Artgenossa
drehet brutzelnd ihre Runde.
Ja fürs liabe Federvieh
isch dies eine schwere Schtunde.

Grad no vor a paar Minuta
hat mr's Ziffer gwichst und kämmt
und jetz hält mr's in de Finger,
dass mr d'Griffel schier vobrennt.

Wenn die Züchter seha dädet,
wie die Giggerseele flieht,
dädet se jetz koine fressa,
denn betrübt wär ihr Gemüt.

Doch brutal schteckt mr dr Schlegel
längs und quer sich zwischa d'Zäh.
Kloitierzüchter, die Entgleisung
duad jedem Tierfreind furchtbar weh.

Aber halt, gar net so schlimm,
Gigger essa mir so gern.
Frisch gegrillt und guat gewürzt,
liegt uns doch die Reue fern.

Obadrei sind diese Hinkel
anonym und namenlos.
Also auf, jetz geht's ans Brüschtle,
auf die Plätze – fertig – los!

Von was der Schwabe keine Ahnung,
so sagt man hier, das isst er nicht,
doch beim Ziffer, oh welch Schläue,
hat diese Weisheit kein Gewicht.

Grad, weil fremd und ubekannt,
schmeckt dieses Viechzeug umso besser.
Sogar die Kloitierzüchtersleut
werdet so zu Giggerfresser!

Göckele, du meine Freude,
schtolzes Hinkel, rassig, rein.
Meiner Augen edle Weide,
Bruscht oder Keule – komm sei mein!

Vom Grilla

S'gibt oi absolute Männersache in jedem Haushalt.
Wenn au alles ondre von de Fraua gmacht wird –
beim Grilla übernehmet mir Männer die Befehlsge-
walt. Nur die Salätla und sonschtiche Zutata, wo mr
so zum Grilla braucht, dürfet die Hausfraua richta.
Aber wehe, sie langet ans Fleisch oder womöglich
gar ans Feuer no. Des isch tabu!! Und mr muass als
Mo, wenn's ums Grilla geht, no net mol ebbes saga.
Des Ritual läuft automatisch. Grilla isch halt noch
echte Männersach!

Dass des so isch, hat wahrscheinlich tiefer liegende
Gründe, die in grauer Vorzeit zu suacha sind. Do
hent nämlich die Männer des Wild noch mit ihre
Keula und Schpeer selber erlegt und uff'm Buckel
hoimgschleift. Aus dem Jägerschtolz heraus isch
des Schtoizeitviech au glei zerlegt, uff Schtecka
gschteckt und übers Feuer ghoba worda. Oschlie-
ßend hat dr Jägersmo die fertiche Breggela dann
ganz gönnerhaft unter dr urzeitlicha Großfamilie
voteilt.

Im Prinzip isch des heut alles aber gar net viel on-
derscht. Es wird zwar meischtens des Wild nimme
selber erlegt (wenn mr vielleicht von dr Katz ab-
sieht, die mr bei dr Fahrt zum Metzger überfahra
hat), doch scho an dr Metzgerstheke kommet die
Urinschtinkte zum Vorschei. Au wenn'd Kinder
und'd Frau koi Fett am Fleisch wellet, nur dr Mo
weiß, was guat isch und kauft desweg schö durch-
wachsene Schtückla ei. Wenn au die Fraua beim

Metzger ab und zua uff dr Geldbeutel gugget, wenn dr Mo zum Grilla eikauft, kommt's net so druff o. Weil so schöne, zweifingerdicke Rinderschteaks schmecket eba oifach klasse. Als oinzigschter Kompromiss werdet eventuell no a paar Nürnbergerla drzua gnomma, damit d'Kinder am End au ebbes essat. Wieder drhoim, wird des Fleisch fachmännisch mariniert. Selbstvoschtändlich mit viel Knoblauch, weil des alle meget. Nachdem des Fleisch vorbereitet isch, kann mr sich jetz ums Feuer kümmra. Mit Holzkohle grilla kann jeder, aber an so a richtiche Gluat von so ma richticha Holzfeuer, do kommt nix dro no. Als Nebaeffekt werdet drbei au die Reschte von dr letschta Holzdecke sinnvoll entsorgt und sorget für a Superhitz. Sobald die Brettla a bissle runterhocket, kommt dr Roscht druff. Sodele, jetz kann's losgeh.

Wunderbar lieget die Schteaks und Würschtla beianonder und fanget langsam zum brutzla o. Der Chefgrillmeischter weiß genau, dass mr's Fleisch erscht rumdreht, wenn oba scho dr Saft schwimmt. Bis aber dr Saft oba schwimmt, isch unta leider alles scho total vobrennt. Doch des wird ignoriert und die Farbe schwarz wird mit knuschprich und rösch umschrieba. Des kann bei de Nürnbergerle aber net bassiera, weil oft dr große Abschtand zwischa de Roschtschtängela die Dinger glei in'd Gluat falla lässt. Aber grad dr Qualm von a paar so abgfackelte Würschtla gibt eba des gewünschte typische Barbecue-Gschmäckle.

Voller Schtolz werdet die außa vobrennte, aber inna no englische Fleischla an die Familie und eventuelle Gäschte voteilt. Zu de Kinder, die alles ondre außer

de Würschtla voweigern, secht mr leicht erzürnt: *„Ihr wisset net, was guat isch"* oder als Schteigerung *„euch ghört d'Zunga gschabt!"* Bei alle ondre Mitesser häufet sich am Tellerrand tief dunkelbraune Schwarta und Kohlereschte, die aber farblich mit dr volaufena Knoblauchbutter und'm zammaghockta grüana Salat guat harmoniera. Mit ca. 600 Gramm Fleisch pro Person hat mr net übertrieba, deshalb wundert's oin scho saumäßich, dass fascht die Hälft von dem Grillgelage übrich bleibt. Vor lauter Hitz werdet halt d'Leut koin Hunger oder sie hent sich z'viel von de Salätla gschöpft haba. Erschtaunlich isch bloß, dass alle mindeschtens zwei Schnäps als Noochtisch nunderlaufa lasset, damit se die schtillschtehende Fettvodauung wenichschtens a bissle oschugga könnet.

Wenn no s'Grillfeschtle rum isch und d'Gäscht hoimganga sind, kriagt aber dr Obergrilldackel von seinra Frau oine uff dr Dez. *„Dei Scheißgrillerei heut wieder, des war jo mol wieder s'Allerletschte! Koi Schtückle, wo net vobrennt war und obadrei zäh und fettich wie von ra altersschwacha Kuah. Richtich blamiert hasch uns mol wieder, du Grillsimpel!"*

Doch der so zurecht gewiesene Freiluftkoch lässt diese Kritik so nicht auf sich sitzen: *„I weiß gar net, was du hasch. I ess doch dei Zeig's au s'ganz Johr ugmeckert. Bloß jedesmol, wenn i grill, basst dr's net! Mir hat's uff jeden Fall gschmeckt. I däd sogar saga, des war subber! Und überhaupt, du weisch vielleicht wie dein Schnellkochtopf funktioniert, aber vom richticha Grilla hasch du no nie koi Ahnung ghett!"*

Hochgewächs

Sonnenfrucht – voll süßer Reife,
wenn ich heute nach dir greife,
tu ich's nicht, um dich zu essen,
sondern um dich auszupressen,
um den Saft aus dir zu drücken.
Endlich, heute soll es glücken,
heute soll es uns gelingen
höchste Spitzen zu erringen.

Stolz beweist die Öchsleswaage
es gibt keinen Grund zur Klage,
denn dein hohes Mostgewicht
erreicht Freispruch vor Gericht.
Frei für feinste Qualitäten,
frei für Ausdruck, Körper, Wucht,
frei für edle Raritäten,
frei für alles, was man sucht.

Nicht beschränkt von schwacher Säure,
ohne Mangel an Extrakt,
nicht getrübt von blasser Farbe.
Traubensaft, man spürt den Takt
deines frischen, klaren Liedes,
deiner kühnen Melodien,
die mit uns schon in Gedanken
in den Rebenhimmel ziehen.

Ja, man möchte fast schon spüren,
wie die blanken Gläser schwingen,

denn ein Tropfen deines Weines
bringt selbst Bleikristall zum Klingen.

Doch es heißt geduldig warten,
warten durch die Reifezeit,
aber dann erblüht im Garten
die edle Blume – sei bereit.
Sei bereit sie auszukosten,
ihren vollen Duft zu spür'n.
Lass dich von den Funkeltropfen
ohne Widerstand verführ'n.

Gib dich hin, den Hochgenüssen,
freue dich auf diesen Tag.
Wein, komm lass dich von mir küssen,
weil ich nicht länger warten mag.
Glücklich, dankbar und zufrieden
sauge ich dich in mich ein.
Gefangener in deiner Flasche,
lasse mich dein Retter sein.

Guat geprobt

S'gibt so viele guate Tröpfla,
alle gwachsa hier im Land.
Probiera muass mr immer wieder,
teschta mit viel Sachvoschtand.

Voschiedene Methoda gibt's,
die guaten Weine zu schtudiera,
um bei all den Angeboten
nicht den ‚Weingeischt' zu voliera.

Dr oi, der nimmt'n uff die Zung
und voseckelt bloß sei Maul.
Sein Gauma bleibt dabei furztrocka,
als wär er grad zum Schlucka z'faul.

Dr onder beißt und schmatzt und kaut,
als wär dr Wei voll Breggel.
No holt er sich dr Kübel her
und schpuckt'n aus – der Seggel.

Und wieder oiner riacht und schnauft,
dunkt nei schiergar sei Nos.
Ja wenn er könnt, dr ganze Kopf
ins kloine Probaglas.

Doch richtich Proba, des isch Kunscht,
des isch beinah scho Gabe.
Probiera könna isch Kultur,
koi Imponiergehabe.

Dr Fachmo hebt'n erscht ans Licht
und lässt dr Kerzaschei
beim Auf und Ab, beim Hin und Her
schön funkla in seim Wei.

Dann nimmt er d'Nosa und erfüllt
sei Riechorgan mit Schtoffen.
Dr Traubabeerles voller Duft
lässt vieles scho erhoffen.

Zerscht uff'd Zung und zwischa d'Zäh,
in'd Backa nei und wieder vor,
so geht dr Probelauf, juche
und wird zum Siegertor.

Jetz endlich kommt dr Gauma dro,
jetz muass'r nimme warta.
Selbscht s'Mägele des schafft und will
mit Wärmewoga schtarta.

Genuss und Wohlbefinda legt
sich sanft in deine Seele.
Nun isch es zwölfprozentich klar,
welch Trank mr nun erwähle.

Oh, wie schön sind solche Proba,
oh, wie herrlich so ein Wei.
All ihr Sinne macht euch auf,
dr Rebasaft will drunka sei.

Heut hab i endlich mol Zeit

Heut hab i an freia Dag. I muass net ins Gschäft
und derf amol so richtich des macha, was i will.
Eigentlich könnt i jo an ma freia Dag ausschlofa,
bloß, wenn i am siebene oder halber achte no net
aus'm Bett draußa bin, no werd i ganz uruhich, do
werd i ganz zappelich. Do hält mi's net länger und i
muass raus.

Als erschtes geh i aber net ins Bad. Noi, als ersch-
tes ziag i alle Rolläda und Schalusia hoch, sonscht
denkt womeglich noch ebber, mr däd um die Zeit
noch im Nescht liaga. (Es soll bei uns und im Land
natürlich Leut geba, die schtellet sich dr Wecker
scho uff sechse, rennet aus'm Nescht, ziaget alles
hoch und lieget hinterher wieder in'd Falle nei. Guat,
sotte soll's geba, aber i selber kenn koin…). Doch
jetz geht's raus, kurz ins Bad, schnell Kaffee drunka
und gschwind Zeitung glesa.

So, aber jetz. Jetz wird ebbes gschafft. Als aller-
erschtes ghört s'Auto gwäscha (moint mei Frau).
I könnt mit dem Dreckkarra no lang fahra, aber mr
wäscht'n halt. Und wenn i scho drbei bin, moint se,
no könnt i jo au no d'Mülloimer auswäscha. Ja, i
hab in viele Ehejohr scho so einiges glernt: Wo bei
uns drhoim dr Dreck neikommt, do muass sauber sei.

S'Werkschtättle ghört scho lang wieder mol uffgräumt
und hinterher feg i no d'Garasch naus.

Lauter Gschäftla, wo mr bloß duat, wenn mr Zeit hat.

Sodele, jetz langt mr's vor am Mittag no a paar Sacha erlediga. Uff'd Bank sott mr, Drinka ghört gholt und dr ganze gsammelte Gruscht muass uff dr Riseiglinghof. Grad, dass mir's no vor zwölfe zum Frisör langt.

Frisch gschtutzt hock i mi an dr Tisch. S'Mittagessa schteht scho parat – perfektes Taiming. Ja, mei Frau weiß Bscheid, an solche Däg kocht se immer ebbes Schnells, damit mr net die ganz Zeit mit'm Essa vobosselt.

Und glei geht's weiter, ohne Mittagsschläfle sofort wieder los. Gartatörle abschmirgla und frisch schtreicha, Rasa mäha. Dabei fällt mr ei, dass i mir dringend a Pärle Hosa kaufa sott. Also schnell d'Farbflecka von de Finger butzt, a bissle gwäscha und umzoga. Jetz no schnell in'd Schtadt nei grast und'n Parkplatz gfunda. Neue Hosa kaufa isch no nie mei Sach gwä, aber heut klappt's. Uff Ohieb basst mr die siebt Hos!

Wunderbar, jetz langt's grad no s'Auto lada und ins Bohmschtückle zum Schpritza.

Am dreiviertel neine komm i endlich wieder hoim. Voschwitzt, miad, abgschafft und elend!

Ja, heut hab i endlich mol Zeit ghett – aber i hab mr's net omerka lassa.

Diese Geschichte soll sich vor einigen Jahren so oder so ähnlich zugetragen haben. Doch vorab zur Beruhigung: Der arme, leidgeplagte Mann hat die Strapazen gottlob überstanden...

dr Gottlob

Dr Gottlob isch ein alter Mo,
der nimme so viel schaffa ko.
Sein Buckel, der isch scho ganz krumm,
er werkelt halt no bissle rum.

Im Kopf, do isch er no hellwach,
bloß Ärm und Füaß, die werdet schwach.
Sei Herz duad manchsmol arge Schtöß –
dr Gottlob, der isch nimme des.

Ja selbscht uff seinen alta Maga,
do kann er nimme viel votraga.
Doch welch ein Glück, wie isch des fei,
voträgt er noch sein oigna Wei.

Im tiefa Keller ruht ein Fass,
gefüllt mit köschtlich, frischem Nass,
von dem er gern des abends drinkt
und selig dann in'd Kissa sinkt.

Doch kommt es vor, dass in dr Nacht
sein Ranza ihm Beschwerda macht.
Drum schtellt als Schlafdrunk sich dr Mo
dr Weikruag uff dr Nachttisch no.

So langt er nachts bloß nebanum
und holt sich gschwind sei Krüagle rum.
Er ziagt von seinem Wei an Schoppa,
kann hinterher so herrlich koppa.
Nach so ma Kopper schlooft er sachte
wie a klois Kindle bis am achte.

Jetz, ulängscht, mitta in dr Nacht,
do isch dr Gottlob uffgewacht
und wollt aus seinem Krüagle drinka,
um hinterher ins Nescht zu sinka.

Doch heidanei, dr Wei war aus,
dr Krug war leer, was für ein Graus.
„Koin Wei isch hoba", brummt er rum.
„Was isch? Ach lass mi schlofa, kumm!"
„I sag, mein Kruag isch leer, zum dunder,
jetz muass mr in dr Keller nunder!"

„Gang du", duad er sei Emma foppa.
„Gang selber na, i muass net koppa!"
„Du kannsch doch für dein Mo was dua!"
„Sauf net so viel und geb a Ruah!"

Er knipst sei Nachttischlämple o
und bruddelt, was er bruddeln ko.
Schtinknarret isch'r – au koi Wunder,
sei Weib, die wär viel leichter nunder,
um ihm ein Krüagle Wei zu bringa,
doch so muass er sich selber zwinga.

Er schlupft in'd Schlappa, schteigt in Keller,
sei Kerzalicht war au scho heller.
Im Nachthemd schteht er vor seim Fass,
er fröschtelt arg und isch ganz blass.

Er bückt sich tief und dreht am Hahna,
ihm isch's, als däd er Unheil ahna.
Mit Schloofa wird's heut gar nix mehr,
des seckelblöde Fass isch leer.

„Ja Himmel, Schtuagert, Sapperment,
nimmt des heut überhaupt koi End?
Dr Kruag leer, s'Fass leer, s'Weib duad foppa
und i sott jesasmäßich koppa!"

Dr Gottlob friert und kriagt nix s'drinka
und däd so gern ins Bett neisinka.
Doch nun erwacht dr Kämpferschtolz
(dr Gottlob isch aus hartem Holz).
Er schtellt sei Krüagle nebanum
und guckt sich nach seim Werkzeug um.

Er hat – sei Miene wird scho heller,
a zweites Fässle Wei im Keller.
„Des stech i o, des wär doch glacht,
wenn's sei muass au um Mitternacht!"

Dr Hahna holt er aus dr Kischt,
er weiß au, wo dr Hammer ischt.
Sogar an Oimer schtellt er drunter
und wird vom Schaffa richtich munter.

Jetzt macht er sich dr Schpunda locker,
sein Hahna liegt scho uff'm Hocker.
Er weiß, dass uff dr Schtell bressiert,
wenn's net glei klappt, no isch's bassiert!

Dr Schpunda raus, dr Hahna her,
wenn des so leicht und oifach wär.
Dr Wei schiaßt naus, jetzt nei dr Hahna,

sei Nachthemd flattert wie a Fahna.
S'wird leider au a bissle nass,
jedoch dr Hahna schteckt im Fass.

Jetz schnauft dr Gottlob: „Guat isch ganga"
und will sich gschwind sei Krüagle langa.
Will sich drbei zur Seite wenda,
doch hebt'n was am Hemmed hinta.

Oh Schreck, er sieht, dass von seim Hemd
a Schtück im Schpundloch drinna klemmt,
was für a Pech, kann mr scho saga.
Oh Gottlob, gibsch di no net gschlaga?

Er hockt sich uff dr Hocker no
und guggt sei eiklemmts Hemmed o.
„Soll i den Hahna nomol setza?
Voreiß i jetz mei Hemd in Fetza?

Ach was, jetz drink i erscht'n Schoppa,
no kann i endlich wieder koppa."
Er nimmt sei Krüagle, füllt sich ei
und lässt'n Riesaschoppa nei.

Von unta ruff löst sich ein Röhrer,
ein Zwerchfellmagawandzerschtörer.
Wer so im Alter koppa ko,
des isch fürwahr ein reicher Mo.

Dr Gottlob fühlt sich frei und leicht,
dass er fascht einem Engel gleicht.
Schnell drinkt er's erschte Krüagle aus,
schlupft gschwind aus seinem Nachthemd raus.

S'Hemd hängt am Fass, er schteht drneba,
kann selber s'Lacha net voheba.
Füllt glei sei Krüagle nomol uff,
schteigt schließlich d'Kellerschtiega nuff.

Ganz nacket isch er, bis uff'd Schlappa
und uff'm Kopf sei Zipfelkappa.
So schlurft er in sei Schloofschtub nei,
prompt schalt sei Emma s'Lämple ei.

„Ja Gottlob", schreit se jetz hellwach,
„was machsch denn du heut Nacht für Sach?
I moin grad, dass du noch was willsch,
doch bass bloß uff, dass nix vokühlsch!"

Dr Gottlob guckt sei Emma o,
schtellt s'Krüagle uff dr Nachttisch no,
hat sich sei Federbettle glupft
und isch ins Kuschelnescht neischlupft.

„Du brauchsch's fei gar net erscht probiera,
i lass mi nimme heut voführa."
Er murmelt no: *„Lass mir mei Ruah!"*,
no fallet au scho d'Äugla zua.

Urlaubserinnerunga

Im letschta Urlaub war i mit meinra Frau und beide Kinder in Schpanien – Koschta Brava. Koschta duad's net wenich, aber was sei muass, muass sei. Gewisse Familiamitglieder bestehet druff und de Kinder kann mr's eba net abschlaga.

Alles in allem war's au gar net soo schlecht. Scho nach 18 Schtund Marathon-Busfahrt und zweimaliger Pinkelpause waret mir vor'm Hotel. Dass an dr Proschpektbeschreibung unter Schtrandnähe und Ortsrandlage irgendebbes net schtimma hat könna, isch mir zwar drhoim scho klar gwä, aber hier, direkt vor'm Hotel, isch mir des erscht richtich bewusst worda. Nähe isch eba relativ und ganz bsonders in Schpanien.

Unsre Zimmer waret sauber und übersichtlich. Oi Doppelbett, oin Schtuahl, oin Tisch, oi Schteckdos und oi Mini-Bad. Sogar unsre Koffer hent unterm Bett ihr'n Platz gfunda. Vom Ortsrand war leider nirgendwo was zum seh, bloß an haufa voll wolkakratzermäßicher Karnickelschtäll, alle mit Balkon. Aber die südliche Sonne hilft dem schwäbischa Hirn vieles zu vodränga und außerdem sott mr im Urlaub net so viel bruddla, scho wega dr Erholung. Mei Frau hat gmoint, mr sott im Ausland sowieso viel toleranter sei als wie drhoim.
Toleranter – mir Schwoba hent doch scho von Haus aus a saumäßich hohe Toleranzgrenze. Uns regt doch fascht nix uff!

Ja, was hab i in dem Urlaub net alles toleriert:

- Koi warms Wasser zum Duscha – isch guat für dr Kreislauf

- An Uffzug, wo net duat – koi Problem, solangs Treppa hat

- Braunes Wasser mit Muggafugg-Gschmäckle – nunder mit

- Weckla, wo aussehet wie von geschtern, aber schmecket wie von letscht Woch – mit de moderne Gebisshaftmittel zwingt mr's guat

- Die größere Gruppe von holländische Miturlauber, wo gmoint hent, dass ihne s'Hotel alloi ghöra däd – nix omerka lassa und d'Gosch halta

- Total überhöhte Preise an dr Schtrandpromenade – bloß net zeiga, dass mr eigentlich an Klemmer isch

- Die Slipeilag, wo mir beim Schwimma im Meer vor dr Nasa rumdänzelt isch – Mund zua und drunder durch

- Diese seggelblöde Schtehklo, wo mr nie gwisst hat, wie mr sei Hos heba soll – d'Frau weiß Bscheid und hat a Tüble Waschmittel mit

S'gäb no so viel meh zum erzähla, doch mr soll im Urlaub halt au die positive Seita seh und sich net über alles uffrega. Weil, was so an richticha Schwob isch, in dem wird durch solche Kloinichkeita nur sei Widerschtandskämpfernatur gweckt. Was oin net umbringt, macht hart! Von was mr net kotza muass, gibt Kraft!

Bloß ois, ois hat mi in dem Urlaub saumäßich gärgert, sogar richtich narret gmacht. Des war die voflixte Sache mit dem Büffee, dieser Übersättigungsanlage mit pseudo-hypnotischer Wirkung. Oscheinend hent die meischte Hotelgäscht Halbpension buacht ghett. Halbpension heißt aber so viel, als dass mr sich morgens und obends dr Ranza vollschlaga muass, damit's hebt.

Die fresssuchtmäßiche Schtopferei hat mit zuanehmender Uffenthaltsdauer bei de Hotelgäscht immer fürchterliche Ausmaß ognomma. Entweder sind die Mäga immer größer worda oder d'Leut hent sich meh traut. Im reina Uvoschtand sind do die Teller vollgschaufelt worda. Bsonders obends war des mit der Schöpferei am schlimmschta. Wehe s'hat Pommfritz geba oder ebbes, wo wie Schnitzel ausgseh hat, do waret die Leut nimme zu bremsa. Als druff uff dr Teller, wenn's au scho schier nebanunder hagelt. Erscht wenn dr Sättigungsgrad durch bekannte Schpeisa zu hundert Prozent erreicht war, hat mr sich vielleicht traut, ebbes von dene guate landestypische Sächla zu probiera. Und erscht dann, wenn sich deutliche Atembeschwerda eigschtellt hent, weil dr letschte Teller mit Teigwara und Soß oim schiergar d'Kuttel abdrückt hat, isch a

Zwangspause eiglegt worda. Doch beim Gedanke ans Noochtischbüffee hat mr trotzdem todesmutich die Kollision mit riesige Eisberg uffgnomma.

Auffallenderweis isch an dr Tür zum Schpeiseraum a Schild gwä, wo nur uff Deutsch druffgschtanda isch: *Das Mitnehmen von Speisen ist verboten!*

Ha die Schpanier könnet viel vobieta, doch dem Eifallsreichtum des Tourischten sind koine Grenza gsetzt. Was isch net alles in Taschatüacher und Servietta eigwickelt und voschteckelt worda. Die kloinschte Handtäschla waret uff oimol uffbläht wie Luftballon. Sogar in die engschte Bermudahösla sind fettiche Wurschtweckla neigschtopft worda. Im Urlaub derf sich alles entschpanna, bloß dr Ranza net und zudem hat mr jo alles scho im Voraus zahlt, do wär's doch schad, s'däd ebbes übrich bleiba.

Dr Pauschalurlauber als solcher und ganz bsonders dr schwäbische Halbpensionischt isch ein giericher und vofressener Dinger. Aber er kann auf diese Wiese gegaüber dr Vollpension a paar Euro schpara und des macht die Sach scho wieder reizvoll.

Mi wundert's net, dass die meischte Leut aus'm Urlaub neba ma rechta Sonnabrand au no etliche Kilo Übergwicht mit hoimschleifet. Denn so hat mr wenichschtens a koschtaloses und dauerhaftes Reiseodenka.

Wie mr's sieht

Heut isch's wieder mol arg. Meine Auga brennet und i hab so a komischs Kratza im Hals. Über 180 däd heut dr Ozonwert liega und do drzua isch's au no saumäßich schwül.

S'Weizabier treibt's oim sofort wieder naus. Mr merkt fascht net, dass mr scho drei drunka hat.

A bissle Kopfweh hab i jetz au no und i glaub, meine Nasaschleimhäut sind greizt.

Im Radio saget se, mr sott bloß koine schportliche Oschtrengunga macha und nur in dringende Fäll mit'm Auto fahra.

Richtich schlecht und schwindelich isch mr's, aber mr kann doch net am hella Samschdich uff'm Sofa rumschtracka. Do drvo wird des Ozon au net wenicher. Und überhaupt, was wisset denn die Schwätzer im Radio überhaupt, was dringende Fäll sind.

I fahr jetz in mei Bohmschtückle – des ghört gmäht. Dringend!

Die unbewusste Gemeinsamkeit der Zigarette und des Rauchers

Am Anfang bist du jung und schlank
und steckst noch voller Leben.
Genießt dasselbe – Zug um Zug
und willst dir alles geben.

Wie herrlich ist es, tief zu atmen,
es überwiegt der Hochgenuss.
Du fühlst dich freier, fühlst dich gut,
doch leise wächst schon der Verdruss.

So wirst du älter und es schwindet
die feine Eleganz.
Du schrumpfst, wirst müde, fahl und gelb
und ziehst zum letzten Tanz.

Die Nebel steigen dicht und trüb,
um dich herum engt sich die Sicht.
Die Schönheit schwebte längst dahin
und trübte Aug- und Sonnenlicht.

Bald liegst du in den letzten Zügen,
der Sensenmann holt kräftig aus –
der Qualm verzieht, die Glut erlischt
und pfff... man drückt euch einfach aus.

Die leere Schachtel lässt man dir
in deiner letzten Tasche.
Die letzte Schachtel ist für dich –
nun Friede eurer Asche.

Diogenes
und der Dank an die Sonne

Die Welt ist rund – besonders meine,
von Eichendauben rings bekränzt.
Die Welt, sie war einst voll vom Weine,
der dunkelpurpur schimmernd glänzt.

Das leere Fass allein verblieb
und bot sich an, nun meine neue Welt zu sein.
Ich nahm sie gern, geführt vom Trieb,
den runden Fässern ewig nah zu sein.

Da lieg ich nun und spür den Duft,
der herrlich reifen, schweren Kalebs-Traube.
Der Wein liegt greifbar in der Luft –
mit jedem Atemzug stärkt sich mein Glaube.

Trunken gar von lauter süßen Wogen,
da warm die starke Sonne scheint auf meine Welt,
ist Bacchus heimlich bei mir eingezogen,
so leise wie ein heller Strahl
durchs Spundloch zu mir fällt.

Das reine Licht scheint mir wie Lebenswahrheit,
ist mir so nah in meinem kleinen Fass.
Im goldnen Leuchten bin ich wie ein König,
der weder schwere Sorgen kennt
noch schnöden Hass.

Im feinen Strahl der hohen Sonne
funkelt der alte Weinstein

so hell wie reiner Diamant
und bin ich selbst der kleinste Wicht
in meiner Tonne,
füllt sich die Weisheit Zug um Zug
und führt mich in beseeltes Land.

So seid gepriesen Wein und Fass und Zecher,
denn erst durch euch erhielt ich meine heile Welt.
Du Sonnenstrahl, du fülltest mir den Becher,
du Sonne bist es, die mir heut am höchsten zählt.

* * *

Schwäbische Erfindunga

Dr Leonardo, der soll im Mittelalter scheint's des
Perpetuum mobile erfunda haba. Der au!

Weil, mir isch's nämlich vor'a Weile selber eigfalla,
wie des funktioniert. I bin in mein Keller nunder und
hab tagelang bäschtelt und bohrt, gsägt und gfeilt.
Mei Frau hat scho gmoint, dass mit mir ebbes net
schtimma könnt, aber wo dann mei neueschte Er-
findung von ganz alloi gloffa isch, hat se mit ihrer
Bruddlerei uffhöra müassa.

D'Woch druff hab i des Apparätle am ‚Daimler‘
vokaufa wella, aber die Herra hent gmoint, i sott's
besser im Keller schteh lassa. S'wär besser – wega
de Arbeitsplätz und so...

Neue Sicht

Einmal nicht aufgepasst und klirrend zerspringt mein schönes Weinglas in tausend Scherben. Wenigsten war es leer, so dass zum Unglück des zerbrochenen Glases nicht auch noch ein hässlicher Fleck dazukommt.

Wenn ich die Scherben so betrachte, die jetzt am Boden liegen, tun sich mir ganz sonderbare Fragen auf.
Das Glas hatte, als es noch nicht zersprungen war, einen herrlichen Glanz. Das Licht spiegelte sich darin. Wenn man genau hinschaute, konnte man sein eigenes Spiegelbild darin erkennen, nur ganz verzerrt, durch die Rundung des Glases entstellt. Jetzt aber schauen mich viele Spiegel an, große und kleine. In jedem finde ich mein Gesicht und sehe mich anders, rund und dick, schmal und lang, ganz verschieden. Immer noch das gleiche Material, doch völlig verändert.

Aus einem großen Ganzen ist Vielfalt entstanden. Oder war diese Vielfalt schon zuvor vorhanden, nur verborgen und eingeschlossen? Sind alle Dinge, die neu entstehen bereits Wirklichkeit – nur versteckt? Dazwischen gelegt wie Zettel in einem Buch? Würden wir nicht darin blättern und lesen, würden wir die verborgenen Geheimnisse niemals finden. Das Buch bliebe nur ein Stück totes, bedrucktes Papier.

Ich betrachte mir noch einmal die Scherben, dann fege ich sie zusammen und werfe sie in den Müll. Aber mein Eindruck steht fest: Wenn eine heile Welt zerbricht, so finden sich dahinter viele neue Welten, auch schöne – vielleicht noch schönere.

Man muss mit den Neuen nur sehr behutsam umgehen, vorsichtig und ohne Hast, sonst könnte man das Neuentstandene sehr schnell zerstören und sich dabei selbst verletzen.

* * *

Die Täuschung

Wenn Starrsinn sich mit Einfalt paart,
dann wird dr Schädel boggelhart.

Mr gibt net nooch und schwätzt'n Scheiß,
macht's grad zum Bossa schtatt aus Fleiß,
wird blöder und vozwackter.

Mr wird zum Dickkopf schtatt zum Haupt
und moint, mr hätt Charakter.

Raus damit!

Wie eine Wache an der engsten Stelle
versperrst du uns den Weg zu reinem Glück.
Auf unser Bitten, Flehen, Drängen
weichst du nicht einen einz'gen Schritt zurück.

Wie ein Beschützer stehst du fest und sicher
und gibst nicht frei, was dir einst anvertraut.
Du bist die Tür zum Schatzverliese
und du bist stark und fest gebaut.

Du opferst dich und gibst dich für uns her,
dein Leben endet jäh in heißem Schmerz.
Erbarmungslos zwingt man dich schließlich fort,
so grausam bohrt man mitten dir durchs Herz.

Der Wächter tot, der Schatz befreit,
jetzt endlich, endlich ist es Zeit,
lasst uns den Reichtum heben.

*

Ein Sinn liegt in des Korken Tod –
er gibt dem Wein das Leben.

Überall, wo Neckar fließt...

S'Leba schpielt oim manchsmol scho so Dinger. Eigentlich lebet d'Leut bei uns im Ländle doch gar net so schlecht und könntet au hier ohne weiteres ihr Glück finda. Doch uff oimol voliebt sich so a Schwobamädle in so ein Nordlicht, in so'n Küschtabewohner, in so'n Fischkopf. Wobei dr oifachheitshalber alle Leut, die wo nördlich von Neckar und Main wohnet, aus unsrer Betrachtungsweis scho automatisch Fischköpf sind.

Dort droba im hoha Norda isch alles ganz onderscht wie hier im Schwobaländle. Eigentlich müasst's jo, do drunta' heißa, weil dr Neckar jo dr Buckel nunderläuft und net nuff. Aber, wie scho g'sagt, im hoha Norda isch eba alles ganz onderscht.

Do hat sich also so a Schwobamädle in so'n Kerle, saga mr mol, in oiner aus Köln, voknallt. Des liegt von uns aus gseh scho fascht am Meer und desweg isch dort drunta au a ganz ondre Luft als wie drhoim. Do muass mr sich erscht mol dro gwöhna. Do schmeckt dr Wind nimme nach schwäbischer Alb, Sauerkraut oder Wengert. So nah an dr Küschte riacht's meh nach Ebbe und Flut, Schwerinduschtrie und Fisch und mr muass sich saumäßich umschtella. S'wird oim so manchsmol ebbes fehla.

Alloi scho die komische Nahrungsmittel, wo's do drunta gibt. Des dädet d'Leut hier garantiert voweigra. Schpätzla kriagt mr dort so guat wie nie und wenn, dann höchschtens aus'm Päckle. Do drfür aber jede Menge Kartoffla. Und dann dieses wasserhelle Dünnbier, dieses ‚Kölsch'. Wenn do so a trollingervowöhntes Göschle net ab und zua a Tröpfle heimatliches Gewächs unter'd Zunge kriagt – net auszudenka!

Für'n soßaliebenda Schwob isch die Kölner Bucht ein kulinarisches Notschtandsgebiet! Mr könnt grad moina, dass dort, so weit weg von dr Hoimat, jetz des absolute Elend ausbrocha sei. Fremde Luft, fremde Landschaft, fremde Leut! S'wär schiergar zum Vorecka, wenn do net ebbes wär, wo die ganze Sache a bissle erträglicher macha däd.
I müasst's eigentlich net extra saga, weil's jo jeder selber wissa sott, weil die Sache, die wo alles überhaupt erscht erträglich macht, isch nämlich die Liebe!

Die Liebe zwingt Kartoffel nunder, die Liebe vodrückt süaßa Sauerbroata, die Liebe drinkt Bier aus Zwergagläser. Kurzum, die Liebe macht blind! Doch die Liebe isch au ebbes Schönes. S'kann oim alles fehla, aber wo Liebe isch, isch alles ondre egal.

Natürlich gibt's in ra wunderbara harmonischa Liebe ab und zua a paar schattiche Däg, wo mr moina könnt, d'Sonn däd untergeh. No kann so a jung voliebtes Schwobamädle heula, blärra oder wenn gar nix meh hilft, dr Muadr oruafa. Aber i weiß do ebbes viel Besser's, wo oim über so'n Seelakummer drüberweg helfa kann.

Also Mädle, wenn du mol traurich bisch, narret oder oifach net guat druff, no befolgsch mein Rat: Du gehsch an dr Rhein nunder, ziagsch deine

Schüahla aus und läsch oifach a Weile deine Füaß
ins Wasser bambeln. Ja und weil in dem Rhein
ganz heimlich au a bissle dr Neckar mitschwimmt,
geht dir's in kürzeschter Zeit wieder besser. Des
Neckarwasser erkennt sofort an deim südländischa
Fuaßgschmäckle, dass do ein Schwobamädle
hockt. Die schwäbische Schpuraelemente durch-
dringet dei Haut und füllet dein Körper mit Wohlge-
fühl und tiefer Zfriedaheit. Scho nach kurzer Zeit
isch alles wieder im Lot und du schpringsch wie neu
gebora hoim. Voller Glück und mit der Gewissheit,
dass alles gar net so schlimm isch, nimmsch du dei
Schätzle in Arm und gibsch'm glei an ganz dicka
Schmatz.

Ehrlich, mr kann sei, wo mr will – ob in Köln, in
Hamburg, in Nizza oder in New York. Überall, wo a
bissle Neckarwasser mit drbei isch, do isch's au
automatisch schö und auszuhalta.

Also, denk dro, wenn du heut dei Köfferle packsch,
um die schwäbische Kultur an irgendoin Ort der
Welt zu traga, nimm zur Sicherheit immer a klois
Fläschle Neckarwasser mit. Am beschta direkt
hinter dr Schleuse abgfüllt, weil do sämtliche
wertvolle heimatvobindende Schtoffe uffgwühlt und
vowirbelt werdet. No kann komma was will! No
langt's in de meischte Fäll scho, wenn du des
Fläschle bloß oguggsch. Und falls es doch amol
boggelhart komma sott, dann reicht oft oi Schlückle
von diesem wertvolla Elexier und alles wird wieder
guat.

Neckarwasser – du Wundertröpfle!

Vorschtellungskraft

Wieso bschtellsch dr denn zu deim Viertele no a Wasser extra drzua? Du kannsch dr doch glei a Schorle bringa lassa!

Weisch, des isch so: I drink halt mein Wei gern pur, uvowässert – aber bloß Wei drinka, des isch eba au nix. Scho alloi wegam Führerschei und so.

Ja scho, aber du hasch doch jetz die ganze Zeit no net oin Schluck von deim Wasser drunka und grad hasch's dritte Viertele bschtellt!

Da hasch aber guat uffbasst! Des schtimmt scho, i drink mein Wei, aber i guck au immer wieder mei Wasser o. Des isch no für mi so, als däd i Schorle drinka.

Was soll denn des für a Schorle sei? Dr Wei saufa und's Wasser schtanda lassa.

Mei neieschte Erfindung – a Mental-Schorle!

Schluck um Schluck

„Sott mr net a Schorle drinka?",
so schtellt sich erneut die Frage,
denn a Schorle isch was Guat's,
woran mr net zu zweifla wage.

S'muass au net viel Schprudel nei,
bloß a bissle – schparsam helt,
denn durch zu viel Schprudelwasser
wird dr Weigeschmack entschtellt.

Doch a Schorle drinkt sich leichter
und enthält kaum Alkohol
und mr fühlt sich durch dr Schprudel
mit dr Zeit echt schorlewohl.

Ja, mr drinkt fascht ohne Reue
sechs, acht Schorle – des geht guat.
Mineralgeschtärkte Viertel
reget o und gehn ins Bluat.

Voller Schprudelleichtichkeit
löst sich gern ein Redefluss –
mitmenschliche Mitteilunga
sind ein absolutes Muss.

Silba werdet glatt voschwiega,
gar voschluckt a ganzes Wort,
denn dr Geischt isch scho viel weiter –
mr denkt hier und babbelt dort.

Es isch überhaupt erschtaunlich,
was des Mineral bewirkt,
des gelöst in etwas Weine
öffnet, was sich sonscht vobirgt.

Es färbt die Bäckla, wärmt dr Maga,
lässt die Schtimmung höher schteiga
und will uns seine Quellakraft
im Schorleglanz der Äugla zeiga.

Drinkt mr weiter, weil mr Durscht hat,
dieses Mineralgemisch,
wird die Wirkung no viel schtärker
durch den Kohlasäurezisch.

Der ergreift die schtarken Beine,
macht se leicht und lässt se schwanka.
Oh, ihr aufgelösten Gase
macht euch frei und lasst euch danka.

Erreicht mr dann die Geischteshöhen,
vom schtarken Wasser leicht benomma,
so kann mr, wenn mr Übung hat,
zu folgender Erkenntnis komma:

Voträgsch du mühelos die Mischung
aus leichtem Wei und schwerer Quelle,
so schenke dir nur fleißich ei,
drinke aus und sei zur Schtelle.

Doch ploogt dich solcherlei Getränk,
no muasch du des net meida,
weil sich des leicht vobessra lässt,
denn es gibt Möglichkeita.

Wechsle halt die Schprudelmarke
oder schütt gar koi Wasser nei,
denn dann wird Schorle dei Getränk
für alle Lebenslaga sei.

dr Holzwurm

Dr Holzwurm schafft und bohrt
und kriagt nie ebbes z'drinka.
Wenn i so bohrn und schaffa müasst,
im Trockna – däd mir's schtinka!

Dr Holzwurm schafft und bohrt
und frisst sei Grundlag uff.
Wenn i a guate Grundlag hab,
no mach i oiner druff.

Dr Holzwurm schafft und bohrt,
no fährt er aus dr Haut.
Wenn i des däd mei Liaber,
no hättsch's bei mir vosaut.

Dr Holzwurm schafft und bohrt
und raschpelt alles kloi.
Wenn i amole raschpeln dua,
kann's höchschtens Süaßholz sei.

Dr Holzwurm schafft und bohrt,
von mir aus soll er's do.
Mei Häusle isch zwar nimme s'bescht,
aber s'vohebt mi no.

Evolution

Die Sach mit dem Adam und dr Eva, die weiß jo jedes Kind. Vom Äpfel und von dr Schlange braucht mr oim nix vozähla, des isch bekannt.

Dr Sündafall und die daraus folgende Votreibung aus dem Paradies, des isch scho arg gwä domols. Des war net zum Lacha, wie die näggedich rumgschtanda sind und nimme gwisst hent, wo se no sollet. Doch irgendwie muass die Heulerei aber unserm Herrgott ans Gmüat ganga sei oder er hat nach ra Weile des Geblärre oifach nimme höra könna. Es isch jo au schlimm, wenn so arme Menscha und Menscher uff oimol koi richtige Hoimat meh hent.

Also isch er in sich ganga, hat lang überlegt, ob er dene beide net doch vozeiha sott und ihne vielleicht doch noch so ebbes wie a Paradiesle eirichta könnt. Er hat sein großa Topf gholt, hat'n uff's Feuer gschtellt und hat grührt und grührt. Immer, wenn ebbes Schönes hoch köchelt isch, hat er's rausgnomma und uff'd Welt nundergschmissa.

Dunkle dichte Wälder, saftiche grüane Aua, hohe zerklüftete Felsa, frische Bächla und Flüssla, schtille Weiherla und See, Bergla und Täler. Des ganze neu entschtandene Ländle hat ihm dann am End so guat gfalla, dass er am liabschta selber dort eizoga wär. Er hat aber scho sein Himmel ghett und so hat er halt des schöne Land dene beide überlassa müassa. Aber er hat sich natürlich für sei frisch gschaffenes Landschaftsparadies ebbes ganz bsonders ausdenkt. Wenn ihm des scho so guat gelunga war, no sottet neba dr Eva und dem Adam do drin au ganz bsondre Leut leba. Also hat er dene erschte Menscha an ganz oigena Hauch eibloosa.

Bsonders viel Liebe und Geischt, bsonders viel Gschick und Fleiß und drzua au an bsondra Sinn für alles Schöne und Feine hat er dene beide mitgeba. Und so hat er se vorsichtich an de Hoor gnomma und ganz sachte irgendwo neba dr Neckar blotza lassa. Do sind sie dann glega und hent a Weile ganz benomma um sich rumguckt. Wo dr Adamle aber die schöne Häng, des klare Wasser und die hohe Tanna gseh hat, sind'm d'Mundwinkel hochganga und er hat ganz voschmitzt lacha müassa. Voller Glück und voll entschlossa hat er zu seim Evale gsa: *„Du, do isch's so schö, do bleiba mr und bauet uns a Häusle!"*

Aus scharfkantiche Schtoi hat er sich Werkzeug bäschtelt, hat Behm gfällt und Balka rausghaua. D'Eva hat Büschela glesa, Schtroh gschnitta und mit ma kloina Schäufele Lehm gholt. Beide hent so saumäßich gschafft und waret so fleißich, dass alle Tierla und Blüamla ringsrum nur no mit de Köpfla hent wackla könna. So isch domols s'erschte Häusle baut worda – aus Holz und Lehm, Reisig und Schtroh, Wasser und Schweiß.

Doch scho seinerzeit war die Häuslesbauerei nie fertich. Immer wieder isch a neus Fächle obaut worda. Mol ois nebano, mal ois obadruff. Immer größer und schöner isch's gworda. Ja und so isch nooch und nooch s'erschte Fachwerkhäusle entschtanda. Vielleicht war's a bissle schief und krumm, aber s'hat Schturm und Rega ausghalta. Es kann sogar guat möglich sei, dass des Häusle heut no schteht.

Dr Adam hat jetz außa gwerkelt, hat Beetla grichtet und eigsät. Er hat Hasa züchtet und Rebhüahla gfanga. Sei Frau isch von ganz alloi uff's Butza komma und hat die Lehmböda gwienert und des Häusle gschmückt, dass se beide die gröscht Freid dro ghett hent.

Uff de wilde Obschtbehm sind Moschtäpfela greift und im Neckar sind Fisch gschwomma. Dr Dinkel isch gwachsa und in dr Wies sind zwischa de Gras-büschel sogar a paar Gelberüaba gschteckt. Alles war so wunderbar, dass ums Numgugga a ganze Schar Kinderla uff'd Welt komma sind. Ois ums onder, grad wie'd Orgelpfeifa.

Aus dem oina Häusle isch mit dr Zeit a ganzes Dörfle gworda. Zum erschta Gärtle sind Äcker drzua komma, Bohmschtückla und Wengert und aus dem herrlicha Landschtrich am Neckar isch's Schwoba-ländle entschtanda. Jeder hat zum essa und zum drinka ghett und alle waret dankbar und zfrieda.

Heut, viele viele Johr nach dr Votreibung aus dem Paradies, nach so viele Voänderunga und Vowand lunga, könnet mir immer no zfrieda sei. So schlecht hent mir's mit unserm Ländle net vowischt!

Was wär wohl aus uns worda, wenn dr Herrgott domols net a Aug zuadrückt hätt?

dr ewige Optimischt

Geschtern hab i mein Geldbeutel volora...
...*s'waret bloß vierzich Euro drin.*

Vorich Woch hat uff dr Alb d'Erda bebt, Schtufe
zwei Komma neun...
...*des geht scheint's bis zehn hoch.*

Letscht bin i von dr Leiter rah kagelt und hab mr
zwei Ribba brocha...
...*i hab Glück ghett, dass i mr net meh do hab.*

Bei dem wüaschta Schturm im Herbscht hat mr's
mein schöna Nussbohm umgschmissa...
...*i glaub, im Frühjohr treibt'r wieder aus.*

In meim Schtückle hent se mr d'Holzhütte ozunda...
...*s'Kloheisle drneba isch net abbrennt.*

Mei Schualfreind isch geschtern ganz plötzlich
gschtorba, er hat scheint's a Schlägle kriagt...
...*an schöna Tod.*

Das Ende der Zapperei

Duasch du obends Fernseh glotza,
kannsch du älladritt bloß motza.
Kaum, dass endlich schpannend wird,
isch die Handlung jäh vozerrt.
Werbung – ach wie intressant,
bringt oin schier um dr Voschtand.
Welches Händi isch des beschte?
Welches Schpüli packt die Reschte?
Welche Krönung für die Gäschte?

Was mr braucht und haba muss
schafft fernsehabendlich Verdruss.
Also zappt mr nauf und nunter,
denn des Programm wird immer bunter.
Ob RTL, SAT.1, ProSieben –
Werbung wird schtets groß geschrieben.
Zeitgleich lässt mr uns beim Zappa
in TV-Werbescheißdreck dappa.

Ob die Pampers angenehm,
ob Kamelia auch bequem –
Werbung geht uns an die Haut.
Täglich wird uns anvertraut:
Das Geheimnis grüner Küche,
das Rezept gegen Gerüche,
wie's mit dem Nachbarn besser klappt
erfährt mr nie, wenn weggezappt.

Dr Schpielfilm läuft, geschpickt mit Schpots –
des neue Tempo hilft bei Rotz.

Dr Mörder schießt, die Kugel eilt –
es wird beim Flaschabier voweilt,
denn bis sie uff des Opfer trifft,
hat mr gedrunka und geschifft.

Ja, Werbung schafft uns freien Raum,
vosüßt durch Ehrmann's Früchtetraum.
Dr Kühlschrank wird zum Wegbegleiter,
die Volksbank bringt uns sicher weiter.
Selbscht Chipsfrisch rutscht besonders leicht,
wenn gut in Ajax eingeweicht.

Mr drinkt und futtert sanft voführt,
weil Werbung an Inschtinkten rührt.
Mr duat und macht was ondre wella
und kann per Internet glei bschtella.
Wie in Hypnose greift mr zua –
die Seele findet keine Ruah.

Was soll mr do als Fernsehgaffer,
dr Geischt wird blöd, dr Ranza schlaffer.
Was hilft bei solcher Sauerei?
Du schaltsch am beschta ‚s'Dritte' ei!
Koi Flaschabier und koi o.b.,
wie isch des Glotza wieder schee.
Koi Telekom und koi Sunil,
nix schtört des Mundart-Fernsehschpiel.
Vielleicht gibt's net so viele Leicha,
doch nirgends duat a Werbung schleicha.

Deshalb, willsch werbefrei genieße,
muasch Kirch und Co. zum Mond nuffschiaßa.

Schwäbische Grundbedürfnisse

Es gibt schon gewisse Merkmale, mit denen sich die Menschen hier im Ländle von anderen unterscheiden. Für einen Schwaben zum Beispiel gibt es neben seinem Weinkeller, seinem Gärtle und seinem Multifunktionsmesser noch andere Heiligtümer. Ganz vorne auf dieser Liste steht sein 'Werkstättle', das Basislager des heimhandwerklichen Wirkens. Bestens ausgerüstet mit allen nur erdenklichen Werkzeugen und Gerätschaften ist dieser Baumarktableger jedoch niemals komplett. Deshalb wird der Schwabe auch nicht müde, sich immer neue, dringend benötigte Spezialwerkzeuge und Maschinen anzuschaffen. Man könnte ja schon morgen das eine oder andere brauchen. Die Anschaffung einer Werkstattausrüstung ist einer Zukunftsinvestition gleichzusetzen und als solche nie überflüssig. Hauptsache, man hat's!

Um bei dieser Fülle die Übersicht zu behalten und nebenbei auch alles gut präsentieren zu können, werden die ach so hilfreichen Errungenschaften effektvoll drapiert. Reihenweise hängen da Ring-, Gabel-, Steck- und Imbusschlüssel. An selbst gezimmerten Regalen ordnet sich Fliesenlegerhammer neben Abisolierzange, Kreuzschlitzschraubendreher paart sich mit Hartmetallsägeblättern, Rohrreinigungsspirale mit Hochdruckreinigerschlauchkupplung. Wohldurchdachte Ordnung im eigenen Heimwerkerpalast, übersichtlich und sonderangebotsorientiert.

Logischerweise haben die findigen Heimwerker-
märkte diesen instinktiven Sammeltrieb der schwä-
bischen Permanenthäuslesbauer erkannt. Denn zur
morgendlichen Lektüre gehört neben den Todesan-
zeigen auch die aktuelle Werbebeilage der Bau-
und Heimwerkermärkte. Voll Interesse liest man die
Angebote und überlegt, ob sich zu Hause nicht
etwas verändern oder verbessern lassen könnte.
Selbst wenn schon alles perfekt ist, hält das den
echten Schwaben nicht davon ab, irgendwo im
Haus eine neue Baustelle einzurichten. Ganz zum
Leidwesen seiner Frau! Für sie entsteht rein vor-
stellungsmäßig alleine schon durch das ehemänn-
liche Lesen solcher Prospekte ein dichter Schleier
von feinem, sich überall verteilendem Heimwerker-
staub. Bereits diese Wahnvorstellung reicht aus,
um die meisten Umbau- und Renovierungsvor-
haben ihres heimarbeitswilligen Mannes erfolgreich
zu verhindern.

Ein kleiner Trost bleibt Gott sei Dank solchen, in
unschöner Weise ausgebremsten, Möchtegern-
handwerkern. Sie dürfen sich ungestraft in ihr
persönliches Refugium, in ihr ‚Werkstättle', zurück-
ziehen. Dort findet der verhinderte Heimwerker,
auch ohne einen einzigen Handstreich zu tun, alles,
was er braucht. Allein durch den Anblick seiner
Werkzeugausstellung und seiner inneren Gewiss-
heit, alles, was er in seinen Wunschträumen heim-
werken wollte, im Grunde auch zu können, eine
tiefe, innere Befriedigung!

dr Uglücksfall

Vor a paar Johr isch hier im Dorf
a böses Uglück gscheh –
beim Frieder drunta in seim Schtall,
i moin, s'wär geschtern gwä.

Tödlich vom Huf getroffa
war dort sei liabe Fra.
Es gab nix meh zu hoffa,
so plötzlich liegt se na.

Dr Riesagaul, des grobe Vieh,
holt aus zum Schicksalsschlag.
D'Lina isch uff dr Schtelle hie,
was für ein schwerer Dag.

Mr hat no schnell dr Dokter gholt,
ob no was zmacha wär,
doch der winkt ab, wo er se sieht
und secht: „Do geht nix mehr!"

Bald druff sind d'Leichafraua komma,
hent d'Lina tief bewegt
in einen glänzend schwarza
und teura Sarg gelegt.

Do isch se glega, sanft und schtill,
mr duat de Blick rasch senka,
und koiner, wo se jetz so sieht,
duad ebbes Bös sich denka.

Drbei isch's d'Wohrheit, wenn i sag,
dass dieses Weib im Leba
a böse Beißzang gwäsa isch,
i kann mir's net voheba.

Schtreitsüchtich, wüascht und überhaupt
die allergröschte Schella.
Doch jetz isch Ruah, jetz hat's a End,
mr kann dr Pfarrer bschtella.

Am offna Grabe schteht mr nun
und hört die schönen Worte:
„Der Herr nehm sie in seine Hand
bis hin zur Himmelspforte."

Am End wird dann brav kondoliert
und dabei fällt mir uff,
dass do an Unterschied beschteht,
bloß komm i no net druff.

Denn kommt a Frau zum Frieder no,
um Beileid zu bekunda,
hört mr „ja, ja" aus seinem Mund,
„so schnell isch sie entschwunda."

Doch bei de Männer sagt er „noi"
und hält sich kurz und knapp
und dieser Unterschied ihr Leut,
bringt mei Geschpür uff Trab.

Als i no an dr Reihe bin,
do fass i mir a Herz:
„Sag Frieder, komm erlaube mir,
oi Wort, trotz deinem Schmerz.

Weil, bei de Fraua sagsch „ja, ja"
und bei de Männer „noi",
hat des a tiefere Bewandtnis
zur Lina – oder koi?"

„A bissle scho", secht do dr Frieder,
„des isch a Sach für sich"
und blinzelt knitz, no rückt er raus
„aber behalt's für dich!

Die Fraua, die duan arg bedaura,
der Lina ihren Dod.
I sag ja, ja und schtimm mit ei
in ihre große Not.

Bloß d'Männer, die hent weiterdenkt,
halt jo dei Goscha Paul,
die froget mi ganz uscheniert:
„Frieder, vokaufsch dein Gaul?"

Auf in die Schlacht!

Dreck? Gibt's bei uns im Ländle Dreck? Also, vielleicht gibt's a bissle, aber uff jeden Fall net so viel wie onderswo. Woanderscht, do muass's oifach viel dreckicher sei wie bei uns!

Die Behauptung isch au überhaupt net frech oder gar überheblich. Noi, ganz beschtimmt net. Es isch die reine Wahrheit, weil's eba so isch. Denn dr Grund drfür, dass bei uns alles a bissle sauberer isch, der liegt in dr schwäbischa Kehrwoch. In dieser nahezu zügellosa Putzwut unserer unbelehrbara, süddeutscha Reinigungs-Extremischtinna.

Kehrwoch – des gibt's im Prinzip au bei ondre Völker. Doch grad bei uns im Ländle, do wird dieses vor- und unchrischtliche Reinheitsgebot noch so gnadalos umgsetzt. Wo sonscht stehet so massahaft Besa und Kehrwisch, Kutterschaufel und Bürschta, Oimer und Ritzakratzer in de Gschäft, wie hierzulande. Scho am Eigang von jedem no so kloina Haushaltswaragschäft oder Baumarkt schteht a ganze Armee von Besaschtiel parat, um dem schmutziga Feind zu Leibe zu rücka.

So a schwäbische Kehrwoch hat ihre feschte Regla, net dass jeder moint, er könnt grad so drufflos butza, wie's ihm gfällt und womeglich scho am hella Freidag drmit ofanga. Samschdag isch Kampfdag, erscht do wird des Privileg der Kehrwoch ausgiebich zelebriert. Von dr Bühnatrepp bis in Suttroi, von dr Haustür bis über dr Trottwar, von de Fenschtersimsa bis naus in Kandel. Was a richtiche Schwäbin isch, die isch erscht zfrieda, wenn nach intensivschter Kehrerei net mindeschtens an halba Kutteroimer mit Dreck voll isch. Des geht sogar so weit, dass nach jedem Kehra und Fega zum Schluss no dr Besa putzt wird!

S'gröschte Kompliment, des an schwäbischer Ehemo zu seinra Kehrwöchnerin nach getaner Arbeit saga kann, lautet: „Heut siehsch mol wieder richtich abgschafft aus!" Voll Schtolz über solch ehrliche Oerkennung schtützt sich die Besakönigin uff ihr Putzgerät und betrachtet voll Zufriedaheit ihr Werk. Wie ein Feldherr nach gewonnener Schlacht.

Erscht jetz traut sich die Kehrwochageneralin nach links oder rechts über ihr Hoheitsgebiet naus zum gugga. Siegessicher suacht sie die wohlwollenden, anerkennenden Blicke der samschdäglichen Mitschtreiterinnen aus den Nachbarhäusern. So schteht am hella Nachmittag ein ganzes Heer von Kehrsoldatinna Besa bei Fuaß uff'm Trottwar und genießt den ruhmreicha Sieg über den gemeinsama Feind, der sich Dank erfolgreichem Kampfeisatz mol wieder aus'm Schtaub gmacht hat.

Wehe aber dene Fraua, dene Weiber, dene Lumpamenscher, die sich solcher Art von Wochaendvognüga oifach voweigra wellet. Uff dr Schtell isch so oine untadurch, so a Schlampere. Übelschte Nachrede wird über so oine vobreitet. Sämtliche bitter-

böse Wüaschtheita werdet so ra brunzdumma Faulenzere hintarum hälinga an dr Kopf gschmissa. Grad vorecka sott so oine an ihr'm oigna Dreck. Meischt genügt dr kollektive Druck des Kehrwischgeschwaders, um eine solche Fahnaflüchtiche wieder uff den rechta, weil saubera Weg zu bringa.

Au wenn sich in ra Woch mol so guat wie koin Dreck ogsammelt hat, putzt wird! Weil d'Kehrwoch isch net bloß für dr Dreck do. Sie schtärkt vor allem des schwäbische Selbschtbewusstsei der fleißichen Hausfrau. Denn erscht, wenn mr was zum Kehra hat, hat mr au ebbes! Nur wer Oimer und Besa schwinga kann, der isch au selber ebber! Des blitzblanke eigene Territorium mit den Waffen der Butzfrau zu durchschreita weckt Hochgefühl und Befriedigung zugleich.

Kehrwoch, des isch schwäbisches Lebensglück in Reinkultur. Kehrwoch isch nix zum Lacha, sondern tödlicher Ernscht! Kehrwoch, des isch Freide pur!!

Kehrwoch muass sei!!

Schwäbische Kulturhochburga

Geht dr Schwabe einmal aus,
um zu schpeisa und zu drinka,
tut er dies wohl überlegt,
denn er will ‚Ambiente' finda.

Beim ‚Italiener' kriagt er Pizza,
Paschta und Tiramisu,
Lambrusco, Grappa und Gelati –
und Ramazzotti singt drzua.

Beim ‚Griech' dringt ihm dr Knoblauchduft
betörend in den Magasaft
und dr Sirtakiklang erhebt
wie Orpheus ihn voll Leidenschaft.

Und beim ‚Kinees' füllt sich des Bäuchle
mit sechs bis sieba Köschtlichkeita,
die transportiert auf Frühlingsrollen
süß-sauer durch dr Gauma gleita.

Die Landsmannschaft der Gaschtronomen
isch heute international,
da fällt das Finden des Lokals
dem Schwaben schwer und wird zur Qual.

Er wendet sich dann Hilfe suchend
voll Hoffnung an die Tagespresse
und sucht nach kleinen Kleinanzeigen
und sieht mit freudigem Intresse

auf jenen Text, der dort verkündet:
,Bei uns, do hängt dr Besa naus' –
do hält's dr Schwabe nimme aus.

Die Besatür geht schier net uff,
denn drinna hockt's scho voll mit Leit,
die allesamt am Nachmittag
scho dunderschlechtich s'Leba gfreit.

Obwohl saueng gibt's dennoch Platz,
mr hockt fascht aufanonder druff,
doch des isch Besaherzlichkeit –
kriagsch au an Ellabogabuff.

Im Besa isch dr Schwabe Schwabe,
im Besa isch und darf er sei.
Im Besa ruckt mr zuanonder,
denn hier isch mr net menschascheu.

Vierzich Sitzplätz sind genehmigt,
vierzich bloß, des isch net viel.
Aber grad durch diese Enge
wächst das ,Lebenswert-Gefühl'.

Und eba weil nur ein paar Tage
darf geöffnet sei im Jahr,
eba nur durch die Beschränkung
bleibt dr Besa, was er war.

Lasst den Schwaben, was sie braucha,
gebt den Menschen dieses Schtück,
denn am Besa hängt – ganz ehrlich,
a großes Teil vom Schwobaglück!

Die tote Sau

Dr letscht war i zu ma Schlachtfescht eiglada. Oifach so, ganz überraschend und außer dr Reih. I hab mir nix bös drbei denkt und au glei zuagsa. Schließlich hat's gheißa, dass mr guate Laune und viel Appetit mitbringa soll, und i war mir sicher, dass i beide Bedingunga beschtens erfülla kann.

Als kloines Gaschtgschenk hab i a Fläschle Wei eigwickelt. So a Literfläschle von oim, wo i net so mag, bloß, dass mr halt net mit leere Händ do schteht. Normalerweis wär des jo net nötich gwä, aber mr will sich jo nix noochsaga lassa. Als nach meim Klingla d'Haustür uffganga isch, hat mi erscht mol an dicker Schwall dämpficher und ugwohnt riachender Luft empfanga. Noch bevor i an Schritt nach hinta hätt macha könna, hat die Gaschtgebere mei Hand ergriffa und mi in die Dampfküche neizoga. Überall waret Riesatöpf und Schüssla rumgschtanda und aus manche isch der schwere Geruch von heißem Schmalz uffgschtiega.

In dr Wohnstub war's aber scho recht luschtich. Mit volle Backa hat sich bereits a ganzes Dutzend ondrer Gäscht lautschtark unterhalta. I hab glei a Plätzle ghett und mir au sofort von dene guate Sacha schöpfa wella. Rüassele, Öhrle, Schwänzle, Bauchläpple, Quellfleisch. All die herrlich appetitliche Schtückla sind do in oim großa Fettaug rumgschwomma. Mit dr Fleischgabel bin i zerscht amol uff Suache nach ma schöna fleischicha Breggele ganga. Doch leider hab i bloß so a leichablasses Saufüassle gfunda. Wo i gmerkt hab, dass die ondere Gäscht mi alle scho ganz erwartungsvoll ogugget, hab i halt neigschtupft und so'n Bolla von der tota Sau rauszoga. Bloß, wo der no uff meim Teller glega isch, war i scho fascht satt. Um den Oblick a bissle besser ertraga zu könna, hab i mir an Riesaranka Holzofabrot nebano glegt und ordentlich Sauerkraut gschöpft. Von alle Seita isch mir aus grinsende, fettvoschmierte Göschla „an Guata" zuagruafa worda. Also, was hätt i onders macha solla, als zum essa ofanga.

Ganz ehrlich, wenn's net so a gmiatliche Runde gwä wär und i net am Wei ordentlich zuagschprocha hätt, i wisst net, ob i des Schtückle tote Sau zwunga hätt. Aber je meh i gessa und vor allem drunka hab, je besser hat mir's gschmeckt. So a richtich ausglassene Schtimmung isch's gworda – fascht no ausglassener wie die Schpeckwürfel, wo uff'm Herd gschtanda sind und so richtich hoimelich. Wo mr nodappt hat, war's schmierich und babbich. Am Schtuahl, am Tisch, am Boda und an alle Türschnäpper isch's Schlachtfescht bebbt. So richtich wohnlich eba.

Überhaupt war alles a bissle onderscht an dem Dag. Mr hat zum Beischpiel uwahrscheinlich viele Schnäps neilaufa lassa könna, ohne dass mr selber ebbes von dr Wirkung gmerkt hätt. Irgendwie muass im Ranza so a dicke Fettschicht gschwom-

ma sei, wo net mol dr Alkohol meh hat durchdringa könna.

Die Hausfrau hat zwar immer ärger mit de Auga grollt – vor allem, als mir beim Singa und Schunkla dr Hafa mit de Kesselbrüahschpatza umgschmissa hent. Aber des war koi Problem, weil die frisch bezogene Polschterschtüahl hent die Sach mühelos uffgsaugt. Bloß, als mir dann no ausprobiert hent, wie weit so frische Leberwürscht beim Oschtupfa schpritza könna, war's uff oimol aus mit dr Gmiatlichkeit. Dr Gaschtgeber hat uns auf lautschtarkes Dränga von seinra Frau dr Wei und d'Gläser weggnomma und höflich gschria, dass jetz höchschte Zeit zum Hoimgeh wär. Die Bitte hent mir natürlich net abschlaga könna und sind gschlossa aus'm Wohnzimmer naus, mit Polonäse durch die ganz Wohnung und oschließend in Weikeller nunder.

Beim Oblick von so viele wohlsortierte Johrgäng sind mir alle wieder ganz plötzlich zur Besinnung komma. Ohne Sauerei zu macha, hent mir dort unta no a paar guate Fläschla zoga. Selbschtvoschtändlich hent mir au dr Gaschtgebere und ihrem Mo ois von dene guate Tröpfla eigschenkt – scho alloi desweg, weil dene beim Oblick von ihre schwindende Weivorrät d'Hoor nausgschtanda sind. Ja und so langsam hent die zwei dann notgedrunga eiseh müassa, dass mir an dem Dag nimme zum Hoimgeh zu bewega waret. Nachdem dann des geklärt gwä isch, isch's wieder richtich luschtich worda.

Leider hat die Hausfrau die tote Sau, wega der jo des ganze Schlachtfescht schtattgfunda hat, a bissle beweina müassa. Vielleicht sind aber au ihre Träna deshalb gflossa, weil's in ihrer ganza Wohnung so saumäßich ausgseh hat. Uff dr Trepp isch's Sauerkraut rumgfahra, an dr frisch tapezierta Esszimmerwand sind d'Schmalzbrot bebbt und sogar im Schloofzimmer waret von dr Polonäse no die fettiche Fuaßabdrück uff de Bettlaka.

Doch do hilft alles nix. Wenn mr selber Säu halta muass und au no so blöd isch und zum Schlachtfescht eilädt, muass mr eba mit sotte kloine Uonehmlichkeita rechna. Und überhaupt, unsre Gaschtgeber könnet jo froh sei, dass se die normalerweis uvowertbare Schlachtrückschtänd, als Feschtgelage deklariert, unter d'Leut bringa könnet. Wenn die sich beschwera wellet, no komma mir oifach s'nägschte Mol nimme.

Aber des überlega die sich guat…

Aus dr Werbung...

Noi! Dr Karle!

Ja! Dr Frieder!

Mensch Karle, ewich net gseh!
Komm, setz de! Wie geht dr's denn?

Blendend. Wart amol!

(Karle holt Fotos aus der Jackentasche)

*Mei Häusle – mei Bohmschtückle – meine
Schtallhasa! Gell Frieder, do guggsch!!*

*(Doch Frieder kontert souverän und zieht jetzt
ebenfalls Fotos hervor)*

Mein Bungalow – mei Flugzeug – mei Fabrik!

*Aber Frieder...äh...in dr Schual, do warsch du
doch...*

Ja Karle – reich gheiert!!

*

„Wenn's ums Geld geht – vorher glotza!"

dr Zwiebelkuacha

Glänzend, bronzebraun und rund
lieget Zwiebla, grad vier Pfund
uff'm Küchatisch bereit,
denn a ganz besondra Kuacha
soll do draus entschteha heut.

D'Hausfrau nimmt uff sich die Müh,
s'gibt heut net ‚Maultasch in dr Brüh',
sondern was bodaschtändich Guats
und trotzdem isch se guaten Muats.
Um ihre Lieben zu verwöhna,
will se nun in dr Küche stöhna,
will Qual und Schmerza uff sich nehma
und sich net in dr Sessel lehna.
Dr Haussega bleibt ugestört,
wenn die Familie wohl genährt!

Den Teig hat se scho fertich schteh,
doch was jetz kommt, isch net so schö:
Dr Wurzelboda abgeschnitta
und's braune Häutle rasch entfernt,
so flink, dass mr schier moina könnt,
sie hätt des früher amol glernt.

So schneidet se, zerscht längs no quer,
in schöne Würfel, möglichscht fei.
Des urgesunde Rundgemüse
lässt schnell die flüchtgen Schtoffe frei.

Und ois, zwei, drei scho geht es los,
die Nervaenda lieget bloß.

Die Köchin schluchzt und heult und rotzt,
so arg geht's ihr ans Gmüat.
Mit ihrer flinka Zunga schlotzt
sie d'Träna ab und wiagt
die Zwiebelwürfel – wunderschö
mit ihrem scharfa Messer.
Drum derf sie des au jedsmol do,
denn koiner macht des besser!

Welch traurig Oblick, net zum saga,
i kann des leider net ertraga.
Entferne mich mit einem Biere
und schließe hinter mir die Türe.
Doch drinna, do wird's richtich dick.
Die Zwiebelwürfel mit Geschick,
werdet jetz weich gedämpft.
Die Hausfrau röchelnd, leichablass
gega's Erschticka kämpft.

Die scharfen Gase, sie entweicha
dem Topf und füllet Raum und Haus,
Bis in die tiefschte, engschte Ritze,
wird so vonichtet jede Laus!

Die Tränadrüsa sind vosiegt
und klarer wird dr Blick.
Dr Kuachabodateig, der schmiegt
sich sanft ans Blech gedrückt.

Leicht abgekühlt die Zwiebelmasse
erhält durch Zutat Extraklasse.
Rahm und Salz, Schpeck und Schmalz,
vier Eier und ein Löffel Kümmel,
auf geht's zum Zwiebelkuachahimmel!

Alles schö hineingerührt
und uff's Backblech überführt.
Dort wird alles schö voteilt,
es glänzt die Masse – mr beeilt
sich, alles nun ins Rohr zu schieba,
obadruff no a paar Grieba.

So, jetz heißt's warta, eine Schtunde,
bis dr Kuacha goldbraun bäckt.
Dr Schpeichel sammelt sich im Munde,
dr Duft nun des Volanga weckt.

Schnell wird die Küche aufgeräumt,
denn wenn mr dieses jetz vosäumt,
wird's nimme gmacht, denn nach dem Mahl
wird jede Tätichkeit zur Qual.

Drum nore gmacht beim Räuma, Schpüla
darfsch du dich ganz als Hausfrau fühla.
Dr Küchadienscht isch nie Voschwendung,
für dich isch er die Kochvollendung.

Oft nicht gebührend oerkannt,
doch desweg lang no net vokannt,
(weil, wenn mr schtändich loba würde,
wüchs in dr Hausfrau schnell Begierde
nach geischtich höherer Betät'gung,
drum Vorsicht mit viel Lobbestät'gung).

Plötzlich sind se alle do,
denn voschtricha isch die Schtunde.
Sitzet brav scho um dr Tisch,
erwartungsvolle Mäulerrunde.

Die Köchin wollte schnell noch froga,
ob net passend neuer Wei,
doch der schteht scho rot im Krüagle,
koi Schtillleba könnt schöner sei.

Aus dr heißen Ofaröhre
kommt dr Kuacha uff dr Tisch.
Ja, mr muass ihn heiß genießa,
dampfend und voführerisch.

Überschwenglich sind die Worte,
die mr jetz dr Köchin schenkt.
Besser noch als jede Torte –
dieses Kunstwerk. Koiner denkt
jetz no an die Quala, Schmerza,
die se dofür hat erduldet.
Doch unser Dank kommt aus dem Herza,
ew'ges Lob wird ihr bekundet!

Glücklich, ja mit rote Wanga,
schtolz genießend sitzt sie da.
All des Lob, des auf sie fließend,
saugt se dankbar auf – ach ja.

Schnell volieret sich die Schtücke
in die Mäga, fort geschwind.
Nix bleibt übrich, bloß die Lücke,
die sich auf dem Backblech find.
Voll zufrieda drinkt mr gerne
jetz no einen Kümmelbrand.
Wicht'ge Arbeit liegt so ferne –
ruhen, sagt uns dr Voschtand.

Sofaeck und Kanapee,
oh wie isch des Leba schö,

werdet gerne aufgesucht,
um den vollen Bauch zu pflega.
Nach Zwiebelkuachahochgenuss
isch schädlich nur des Fortbewega.

Doch dann, nach einem Schtündchen Pause
geht sie los, die Dickdarmsause.
Alle Töne, selbscht die tiefen,
drängten sich, solang wir schliefen,
bis ans Ende der Gedärme,
um zu entweicha aus dr Wärme.

Schwefeldampf und Fäulnisgase
werdet frei und ziehn die Nase
hoch bis in die Wurzelritza,
in denen unsre Härla sitza.
Schnell ans Fenschter, frische Luft,
damit entweicht dr Därme Duft.

Oft hat sich Böses zugetraga,
wenn Sauerschtoff net war zur Hand.
Manch oiner, der verlor sei Leba,
so mancher aber dr Voschtand.

Doch glücklich furzend und voschmitzt,
mr jetz beim Wei zusammasitzt.
Dr Zwiebelduft betört die Lunge,
dr Weigenuss, der löst die Zunge
und mr beschließt nach dem Genuss:
Ja, Zwiebelkuacha isch ein Muss!
Und scho bald in ein paar Tagen,
will mr erneut es wieder wagen.

Zwiebelkuacha – höchschtes Guat.
Wer dich genießt, zeigt Lebensmuat!

Konsequent

Dunderlattich, was isch heut bloß mit mir los? Wenn i mi nunderbücka will, no fährt mir's jo so dermaßa ins Kreuz nei. Ischias oder Bandscheiba oder so. Und wenn i so drunta bin, no drückt mi's vorna am Kopf, hinter dr Schtirn, ganz komisch. Des wird doch nix Schlimmer's sei? Überhaupt geht mir's heut net guat. Mein Bluatdruck isch am Boda und's oine Aug will au net ganz uffgeh. I glaub bald, des isch's Alter – ab vierzich geht's los.

Liegt eigentlich dr Blinddarm rechts oder links? Mi schticht's dermaßa im Ranza drinna, so unta drinna – womeglich Proschtata? Mr liest jo heut so viel und desweg sott mr scho uff die erschte Ozeicha achta, net damit mr ebbes voschleppt.

Sogar s'Frühschtück schmeckt mr heut net. Mei guat's Gsälzweckle net und au net dr Kaffee. S'isch absolut koin Appetit do, no net mol Glischta. I bring schier nix nunder. Beim Zeitung lesa schwimma mir die kloine Buchschtäbla drvo und i kann mi kaum konzentriera. Also, do muass doch ebbes sei! Ob i heut drhoim bleiba soll? Mir isch so hundeelend, vielleicht wär's besser, i däd wieder ins Bett liega.

Bloß, ganz ehrlich, mit meinra Frau hab i net grechnet. Denn wie i grad wieder in mein Schloofozug neischlupfa will, do macht die ihre Glotzböbbel uff, guggt mi gschwind kritisch o und secht:

„Ha des wär jo no schöner, im Nescht liega bleiba!
Der wo obends feiern und saufa kann, der kann a
morgens uffsteh und ins Gschäft!"

* * *

Elend...

...koin Schprudel
...koin Saft
...koi Bier
...koin Wei
...koin Moscht
...koin Schtumpa

…nix zum drinka – aber an Saudurscht!

Wie mr's macht isch's vokehrt!

Manchsmol, do isch's wie vohext,
mr weiß net wie oim gschieht.
Mol machsch's richtich und doch falsch,
wie mr sich au bemüht.

Vor a paar Wocha isch's bassiert,
do hat mir's fürchterlich bressiert –
i sott so dringend schiffa
und hab mir scho a volle Schtund
die Sache schwer vokniffa.

Endlich hab i's Örtle gseh,
und ruckzuck war i drinna,
wollt mit dr Bloos-Erleichterung
glei uff dr Schtell beginna.

Doch ehrlich, i war irritiert,
durch so a blödes Schild,
des an dr Wand befeschticht war
und nur für Männer gilt.

Ich wurde höflichscht aufgefordert
im Sitza zu vorichta,
um so die Reinlichkeit des Ort's
uff koin Fall zu vonichta.

Bloß, wie i dann mei kloines Gschäft
erledigt wie beschrieba,

do war ringsrum dr Sega groß,
des isch net übertrieba.

Mr lernt daraus: Wenn unter Druck,
kann Mann nimme recht denka.
Er reagiert vielleicht vokehrt
und duad ins Uheil lenka…

Geheime Kräfte

Endlich bin ich zu Hause, der Arbeitstag ist zu Ende. Jetzt geht alles seinen gewohnten Gang – Feierabend. Draußen wird es schon langsam Nacht. Doch plötzlich, was ist jetzt? Alles ist auf einmal still, alles ist dunkel. Kein Licht, überall nur Dunkelheit und Ruhe. Der Fernseher läuft nicht mehr, sogar die Spülmaschine, die eben noch arbeitete, gibt kein Geräusch mehr von sich.

Stille, unerwartet, fast fremd und beängstigend. Im Dunkeln wird nach einer Kerze gekramt, denn irgendwo hat man für solche Fälle immer eine zur Hand. Aber heute will sie sich nicht finden lassen. Ich schaue durch das Fenster in die schwarze Nacht. Auch aus den Nachbarhäusern, ja in der ganzen Stadt leuchtet kein Fenster, brennt nicht ein einziges Licht.

Totaler Stromausfall.

Schleierhaft und dünn sendet der Mond ein fahles, fast geisterhaftes Licht. Nur ganz verschwommen und schemenhaft lassen sich die Gegenstände in meiner Wohnung erkennen. Umso mehr suche ich im Dunkeln nach den Details. Die Deckenleuchte sieht vollkommen ungewohnt aus. Das Bild an der Wand erscheint völlig unbekannt.

Alles ist gleich geblieben, doch von einer Sekunde auf die andere ist alles verändert und irgendwie neu.

Ja, ich kann mich einer gewissen Begeisterung für diesen Zustand nicht verschließen. Auf der Couch liegend fange ich mit meinem Blick das zerfließende Mondlicht ein. Meine Gedanken gehen ganz andere, ungewohnte Wege. Alles, was den Geist sonst bewegt, ist wie abgeschaltet, ausgeknipst. Doch hinter dieser vordergründigen Leere liegt eine neue Dimension. Ungestört, nicht abgelenkt vom Normalen, geht der Gedanke umso tiefer, weiter, höher.

Nach einer guten Stunde geht der Strom wieder an. Jäh wird mein Denken unterbrochen. Der Fernsehapparat läuft, aus der Küche meldet sich laut gluckernd meine Spülmaschine zurück, alle Lichter blenden auf.

Der Alltag füllt wieder den ganzen Raum, die Normalität kehrt zurück. Doch ich stehe auf, schalte ganz bewusst alle Leuchten und Geräte ab und lege mich wieder hin.

Stromausfall setzt so viel Energie frei.

Bestimmung

Füreinander bestimmt – zusammen ein Paar
wie vor ihnen noch keines war
und miteinander vollendet und reich,
kein anderes käme wohl irgendwann gleich.

Sie verändern sich nicht,
auch nicht mit den Jahren.
Wie lang es schon geht,
ist nicht zu erfahren.

Immer frisch und beständig und ewiglich treu,
doch voreinander, da zeigen sie Scheu.
So scheu wie in erster, zarter Liebe,
so stark und umfassend
und niemals loslassend,
auch nicht im ewigen Zeitengetriebe.

Sie brauchen sich,
ohne den andern wär' alles vorbei,
sie ergänzen sich nahtlos
wie Zauberei.

Was der eine getan, der andre gelassen
führt niemals zum Streit,
man kann es kaum fassen.
Ein jeder wartet, ohne zu drängen
und bleibt dabei frei
von irdischen Zwängen.

So eng beieinander, so nahe und traut,
doch nie hat einer den andern geschaut.
Der eine kann ohne den andern nicht sein,
sie sind füreinander gemacht,
doch können sie niemals zusammenkommen –

sie sind's: Der Tag und die Nacht!

* * *

Bücher für Selbermacher

➢ *Tapezieren – gar net so schwer*

➢ *Holzdecken – koi Problem*

➢ *Wintergärten selber baut*

➢ *Erschte Hilfe bei Verletzunga*

➢ *Dachstuhlausbau – so geht's*

➢ *Balkonsanierung wie dr Fachmo*

➢ *Kaminreparaturen – so lässt sich ebbes schpara*

➢ *Grabbepflanzung – ansprechend und dauerhaft*

Die echte Gladiatora

Zweimol im Johr schteigt bei dr Schwäbin wie von alloi dr Bluatdruck und sie wird hellwach. Des hat koine körperliche Ursacha, sondern hat im Grund mit de Johreszeita zum do.

Manche Fraua werdet in der heißen Phase dieser immer wieder kehrenden Zyklen sogar ganz zappelich, schprunghaft und beinah zügellos. Doch die Hormone sind an diesem sonderbara Vohalta net schuld, denn dr wahre Grund liegt im ogeborena, tiefsitzenda Sammeltrieb des Schwaben.

- Schlussverkauf – dieser sagenumwobene Sammelbegriff endzeitmäßiger Schparorgien.

- Schlussverkauf – diese heiß ersehnten Feiertage des gedankenlosen Zwangskonsums.

- Schlussverkauf – dieses Freudenfest schwäbischer Hungermucken und Klemmer.

Oh, wie viele bitter benötigte Oschaffunga hält mr net für diese voll Sehnsucht erwarteten Tage zurück.

Im Winter zum Beischpiel, wenn mr scho längscht warme Sacha haba sott, wird so lang gwartet, bis jeder wenichschtens oimal an Schnupfa ghett hat.

… „hent se net scho ebbes runtergsetzt?"

… „wenn se mir die Hos a bissle runterpreisa dädet, no däd i se nehma."

… „könnt mr an dem Blüsle nix noochlassa?"

Mit solche oder ähnliche Froga und Aufforderunga wird scho wochalang vor'm eigentlicha Termin s'Vokaufspersonal gnervt.

Natürlich wird scho einige Däg vor am Schlussvokauf die entschprechende Ware reduziert und die echte Schnäppchenjäger gehet uff'd Pirsch. Zum Schtichdag jedoch isch ein eigefleischter Tiefpreisbeutegreifer nimme zum halta. Do wird mit brachialer Urgewalt schiergar d'Tür vom Kaufhaus neidrückt. Wehe, s'drängelt sich oine vor. So oinra wird uff dr Schtell d'Handtasch uff dr Dez gschlaga, dass grad so schtaubt! Dr Schlussvokauf hat seine eigene Regla und mr sott sich im eigena Intresse dro halta, denn Schlussvokauf isch der landesweit tolerierte und ritualisierte Veitstanz kampfesluschticher Ureinwohnerinna.

Dr Wühltisch wird von rechts nach links durchgschafft, jo net von dr Mitte nach außa! Meh wie sieba Kleider uff oimal in'd Kabine neischleifa isch ebenso uerwünscht. Wega dr Zeiterschparnis isch's sowieso besser, mr schteht net in jedra Abteilung an'd Kass. Viel besser geht's, wenn mr alles schtapelt und schtopft und sich zum Schluss irgendwo vordrängelt.

Als schlussvokaufserprobter Haudega kennt die Schwäbin sich aus. S'gibt aber immer a paar so Egoischtaweiber, die kämpfet sich ohne irgendwelches Syschtem durch'd Feinrippunterwäsch, dass d'Gummizüg grad so fatzed. Do geht a Gschrei los, sotte Weiber werdet alles gheißa. Do wird die guate Kinderschtube vogessa, do isch alles egal, denn an dene heiße Däg isch jeglicher ‚Knigge' außer Kraft gsetzt. Es soll sogar regelmäßich zu handfeschte Tätlichkeita komma! Mit dr oina Hand d'Beute sichern, mit dr ondra weiterschaufeln und mit de Ellaboga s'Revier voteidicha. Do kennt se nix!

Schlussvokauf isch Überlebenskampf pur! Höchschte Vorsicht isch gebota, wenn mr selber a bissle kränklich, schmichtelich, zäpfich oder z'kloi isch. Do könnt mr sonscht beim Biberbettwäsch-Nahkampf buchschtäblich in'd Knie geh.

Am End schleift mr sein eroberta Ogebotslumpagruscht mit gschwollener Bruscht (und Zeha) an'd Kass. Die Euphorie eines ultimativa Schparerlebnisses weicht schpäteschtens jetzt aber der Nüchternheit des ubarmherziga Kassazettels. Mr hat ganz beschtimmt net z'viel kauft und sowieso bloß des, was mr ubedingt braucht hat. Fünf Pärla Socka für dr Mo hättet glangt, aber umgrechnet waret die 10er-Päckla eba viel billiger, also hat mr glei drei drvo gnomma. So günschtich könnet jo die Socka s'nägschte Mol nimme sei und drhoim fresset se koi Brot. So oder so ähnlich rechtferticht sich die vollbepackte Extremschparerin schließlich vor sich

selbscht und dem sichtlich überwältigta Mo, der sei
werte Gattin vor lauter volle Gugga schier zamma-
brecha sieht.

Erscht jetz fällt ra uff, dass dr neua Büschtahalter
net zum Schlüpfer basst. Irgendwie müasset sich
die Teile beim Wühla utrennbar mitnonder voknotet
haba. Bei solche Tiefpreise isch des aber net so
wichtig, au wenn dr Liebestöter fünf Nummern
z'groß isch. Mr kann jo neiwachsa!

Auffallend viele Fraua klaget während dr Schlussvo-
kaufszeit über Abschürfunga, Prellunga und
gschwollene Füaß. Bei viele sieht mr noch wocha-
lang an de vokratzte Händ die Folga vom Schnäpp-
chen-Dreikampf (vordrücka – greifa – sichern). So
kloine Uonehmlichkeita werdet aber ohne zu klaga
gern in Kauf gnomma. Hauptsach, d'Gugga sind voll
und mr hat ebbes Günschtichs vowischt.

Schlussvokauf, das isch eine der wenigen Diszi-
plinen, in denen sich der Schwabe und vor allem die
Schwäbin noch so richtig beweisa kann.

Eigentlich isch es jo schizophren, wenn mr beim
Geldausgeba au gleichzeitich noch schpara will.
Richtich schpara geht logischerweis bloß beim Net-
Geldausgeba! Aber au diese reine Lehre der
schwäbischen Kleinschparer-Ideologie geht im
Kampf um Kittelschürza, Unterhosa und Bettwäsch
sang- und klanglos unter.

Es kann durchaus vorkomma, dass dr Haussega nach solche Schparexzesse a bissle schief hängt. Aber mr sott nie außer Acht lassa: Schpara muass sei, ohne Schpara isch mr koin rechter Schwob! Wer net schpart, der kommt zu nix! (Erscht, wer nix meh hat, der braucht au nimme schpara!)

Diesen weiblicha Drang nach Selbschtbeschtätigung hent unsre heimische Volkshochschuala scho längscht erkannt. Net umsonscht gibt's so viele Kurse für Selbschtvoteidigung, schpeziell für Fraua. Mr sott als Mo oimal Mäusle sei und in so'n Kurs neigugga dürfa. Do könnt mr dann hautnah miterleba, wie unsre Schpätzles-Athletinna fachmännisch uff den glorreicha Kampf in dr Doppelripp-Arena vorbereitet werdet.

Ja, dr Schlussvokauf will gwonna sei – auf in den Kampf!

* * *

Gell, au wenn se uns offiziell unsern Schlussvokauf abgschafft hent, mir im Ländle lasset uns dieses Ereignis net so oifach wegnehma. Weil diese wenige Däg im Johr, wo mir Schwoba mol so sei dürfet, wie mir wirklich sind, brauchet mir für unsre gsunde körperliche und geischtiche Entwicklung!

So, des hab i no saga wella...

Rückschluss

Wie könnt die Welt doch herrlich sei,
wär jeder so wie i.
Ha des wär fei, do gäb's koin Schtreit,
vorbei wär's mit dr Müh.

Alles däd guat funktioniera
und alles wär beschtens durchdacht.
Nirgendwo däd ebbes fehla,
alles wär perfekt gemacht.

So wie i denk, so wär's grad richtich,
weil so wär's logisch, machbar, guat.
Alles ondre, des wär nichtich,
hätt koi Feuer, hätt koi Gluat.

I kann dir an jeda zeiga,
wo falsch denkt und wo falsch lebt.
Do bin i net abzuhalta,
weil sich mein Zeigefinger regt.

I deut uff jeden, wo mi ärgert,
sag's grad raus, i bin so frei,
dass er irrt mit seinra Moinung,
falsch liegt, schief und nebabei
sich uff mei viel besser's Wissa
schtützа und volassa ko,
denn i weiß, wo's langgeht – ehrlich.
Ja – i – bin ein weiser Mo.

Doch der so Zurechtgewiesne
gibt mir einen herba Schtoß,
sagt zu mir nur einen Satz
und der schtellt mi elend bloß.

„Zeigsch du mit deim Zeigefinger
uff all des, was dir net behagt,
no zeiget drei von deine Finger
auf di zurück – ganz ugefragt."

* * *

Heut mach i mol ...

... ebbes ganz Bsonders.

... ebbes, wo i no nie do hab. Ebbes, wo i mir schier
net zuatraut hätt.

... ebbes, wo i mir eigentlich gar net leischta kann.

... was ganz Ugwohnt's.

I dua's oifach.

Heut mach i's, do wirsch Auga macha.

I dua nix!

Das geheimnisvolle Innere
der Wurscht

Es gibt bei uns, mr darf net klaga,
die volle Auswahl jederzeit
an Gelbwurscht, Blunsa, Schwartamaga,
an allem, was dr Gauma gfreit.

Es isch die Wurscht, die uns voführt,
die scho des Kloikind mag
und die, weil ‚DLG' prämiert,
mr veschpert jeden Dag.

Sie schmeckt uns, gibt uns Kraft und Freid,
drum sott mr vielleicht wissa,
ob mr der Sach au traua kann,
mit ruhigem Gewissa.

„Was isch bloß drin in unsrer Wurscht?",
i will dr Metzger froga.
Doch dieser Kerle secht mir's net,
„des dua i net vorota!

Des Wurschtrezept isch schtreng geheim,
des wirsch du nie erfahra,
denn Wurscht zu macha isch a Kunscht,
i kann's net offenbara!"

Geheimniskrämerei um Wurscht,
des isch jo wohl dr Gipfel.

Jetz will i's wissa, jetz erscht recht,
was schteckt zwischa de Zipfel?

Heut untersuach i alle Würscht
und gugg was drinnaschteckt.
Ob mr womöglich vom Genuss
net irgendwann voreckt.

Und hallo, hoppla, was isch los,
die Würscht, die sind Betrug!
Die Wurscht hält net, was se voschpricht,
i werd do draus net klug.

Im Bierschinka net oin Schluck Bier,
koin Käs im Leberkäs,
koi Frankfurter mit Hessa drin,
do wirsch als Kunde bös.

Zur Jagdwurscht brauchsch koin Waffaschei,
zur Schwarzwurscht koi Partei,
dr Presssack schteckt im Plaschtich drin,
die reinschte Sauerei.

Mein Metzger moint, des sei normal,
koin Grund, sich zu beschwera.
Doch mir isch des no lang net wurscht,
von was mir uns ernähra!

Die Wurscht voschteckt sich in dr Haut
und hüllt sich tief in Schweiga.
Bloß, ob dieselbe ehrlich isch,
des will se uns net zeiga.

Wurscht, mir mega dich so arg,
komm und enttäusch uns nicht.
Ihr ewig unerforschten Würschte,
bleibt uns ein Leibgericht!

* * *

immer s'Gleiche

Geschtern hab i Leberwurscht uff meim Veschper-
brot ghett, vorgeschtern au und heut scho wieder.
Die ganz Woch lang immer bloß Leberwurscht.
Mein Gschäftskolleg hat gmoint, wenn er des jeden
Dag essa müasst, no däd's ihm grad zum Hals
naushänga. Er hätt desweg drhoim scho längscht
ebbes gsa und amol oschtändich mit dr Fauscht uff
dr Tisch gschlaga.

Bloß – ganz ehrlich, i weiß net, was i saga soll.
Weil, i richt mir doch mei Veschper jeden Morga
selber…

Erfinderisch

- Jetz weiß i grad net, ob mein Joghurt links oder rechts dreht. Aber seit der des duad, isch'r teuer.

- Seit zig Johr drink i scho immer s'gleiche Bier, aber seit ‚Bremium' druffschteht, koscht mi dr Kaschta zwei Euro meh.

- S'Rindfleisch wird jetz dreimol gschtempelt, no derf's an dr Kass ruhich a bissle meh sei.

- Und all die Produkte, wo ‚lait' druffschteht, sind grad desweg so teuer, weil wenicher drin isch.

- I fühl mi net besser, i ess und drink net meh, bloß dr Geldbeutel nimmt schtändig ab.

*

Irgendwie kommt immer oiner druff, wie'r oim in d'Tasch langa kann.

Die Lösung

Was hent denn mit zuanehmendem Alter so ziemlich alle Männer gemeinsam? Neba Hoorausfall und ondre Wehwehla kriaget die meischte Männer a Bäuchle, an Ranza – also so a Art Wohlschtandskügele.

Es gibt Ausnohma, aber solche notorische Hungerleider könnet oim bloß Leid do. So a Bäuchle isch au gar koin Qualitätsmangel, eher s'Gegateil. Und trotzdem isch oim diese Unterleibsschwellung manchsmol irgendwie uognehm.

Wenn mr sich die bauchtragende Männerwelt genauer oguggt, no kann mr zwei Kategoria von Kügelesschiaber unterscheida: Auf dr oina Seita die, wo ihren Hosabund unter'm Bauchosatz traget und uff dr ondra die, wo'd Hos hochziaget bis an'd Bruschtwarza. Also die Bauchträger, wo ihrn Ranza raushänga lasset und die, wo'n voschtecket. Die oine, wo drzua schtehet und die ondere, wo sich net trauet.

Guat, bei de oine sieht's a bissle unästhetisch aus, wenn zwischa de Knöpf vom uffbumpta Oberhemd s'weiße Unterleible rausschpickelt. Die ondre kommet zwar a weng kultivierter drher, aber halt au a bissle muttersöhnleshaft.

Doch welche Präsentationsweise isch jetz die beschte? Fehlt oim, wo sei Hosa bis an'd Achsla hochschnallt s'nötiche Selbschtbewusstsei oder hat er oifach koin Arsch, wo'd Hos heba däd? Isch oiner, wo sei Feinrippqualität vorgugga lässt leschär oder eher ukultiviert?

Die Bekleidungsinduschtrie hätt sich scho längscht uff die männliche Tatsacha eischtella könna. Aber noi – entweder s'hängt oim d'Hos am Arsch oder mr hat Hochwasser. Richtich bassa duad's nie!

Oi Möglichkeit gäb's, die wär für alle Ranzaträger die richtiche Wahl: Mr schlupft in a Latzhösle nei! Do kann mr dann sei erogene Schwungmasse raushänga lassa und isch trotzdem hochgschnallt.

Und s'beschte an so ma Allround-Vokleidungswun- der isch doch: S'sieht immer so aus, als ob mr grad was schaffa däd...

Armut

Kann ich nicht mein Eigen nennen
Reichtum, Güter, Geld und Gold,
ist mir dieses ganz egal,
hab noch nie deshalb gegrollt.

Denn ehrlich, wenn ich's recht bedenke,
fehlt mir nichts zum glücklich sein.
Hab mein Lachen, meine Freude
und ein jeder Tag ist mein.

Mir gehört des Morgens Frische,
auch des Tages volles Licht.
Selbst die Nacht bringt mir die Ruhe –
alles hat so viel Gewicht.

Ich hab zu essen und zu trinken,
hab wachen Geist und frohen Sinn.
Hab meinen Schatz und liebe Kinder
und alles scheint wie ein Gewinn.

Viele gibt's, die haben alles
und noch so viel mehr dazu.
Nur wissen sie es nicht zu schätzen,
haben vor Streben keine Ruh.

Mancher, der versteckt Gefühle
hinter Bosheit, Geiz und Zorn.
Erfährt niemals die Glücksmomente,
die aus Einfachheit gebor'n.

Vielleicht gehör ich zu den Armen,
denn manches hab ich nicht – bestimmt!
Doch dem Geizigen fehlt alles,
weil sein Geiz ihm alles nimmt.

Rau aber herzlich

Welch großes Glück, wenn sich im Herbst
die Zweige bis zum Boden neigen.
Behängt mit saftig vollen Früchten,
mit Äpfeln, Birnen oder beiden.
Voll Zuversicht ruft man schon „Prost,
ihr Früchte werdet bald zu Most!"

Reif geschüttelt, aufgelesen
und in Säcke eingefüllt,
erzeugt ein volles ‚Hängerle'
ein wunderbares Erntebild.

Schnell die Früchte heimgebracht.
Geschüttet in den Obstmühltrichter
wird Maische flink daraus gemacht,
da lachen Sonne und Gesichter.

Dann in Tücher eingefüllt
liegt die Maische in der Presse.
Auf den frischen trüben Saft
lenkt sich nun das Hauptinteresse.

Zuckersüß, fast 60 Öchsle
hat das flüssige Produkt.
Voller Freude und Genuss
wird es betrachtet und geschluckt.

Man kann jetzt in Eimer füllen,
was die Presse von sich gibt
und mühsam in den Keller schleppen.
Doch auch diese Mühe trübt
keinesfalls die hohe Stimmung
des Mostens – deshalb zugelangt,

auch wenn man steile Kellerstufen
keuchend auf- und abwärts wankt.

Hinein ins schwere Eichenfass
schüttet man die süße Gabe,
dass man sich in Wochen schon
am nicht mehr Süßen doppelt labe.

Es keucht und schafft nun aus dem Spunden,
der zur Gärung obenauf.
Hörbar will der Most bekunden,
dass er lebt und obenauf.

Wochen später wird es ruhig
und man zieht ihn ab – ganz klar.
Legt den Most in frisches Bette,
lässt ihn ruhen wunderbar.
Doch schon nach drei, vier Ruhetagen
darf man das Probieren wagen.

Ist uns das Getränk gelungen
mit eignen Mitteln, selbstgemacht,
schnalzen wir mit unsren Zungen
und loben diese klare Pracht.

Nicht jeder stimmt voll Freude ein
auf das Getränk der harten Schwaben,
denn ungeübt verträgt man nicht,
woran sich Ureinwohner laben.

Most, so mancher macht dich schlecht.
Bist du auch rau – uns bist du recht!

So kloi

Mir Menscha moinet oft und gern,
mir wär'n die Gröschta uff dr Welt
und drüber zweifla duan mir net,
weil uns die Vorschtellung gefällt!

Mir sind die Schlauschte, mir sind wiaf
und hent die Wahrheit grad gepachtet,
doch hintadrin im kloina Hirn,
sind mir scho geischtich leicht umnachtet.

Ab und zua kriagt mr sei Fett
und mr sieht, wie's wirklich isch.
Mr schreckt fascht hoch aus seinem Wahn
wenn's heißt: „Du bisch'n kloiner Fisch!"

Du kannsch renna, raffa, schtreba,
irgendwann kommsch an n'Punkt,
wo au dei klois bissle Leba
gnadalos wird nunderdunkt.

D'Natur, die zeigt uns, was es heißt,
Macht zu b'sitza, groß zu sei
und schlägt mit voller Kraft und Wucht
in unser Menschawerk dronei.

Aus heiterm Himmel kommet Schtürme
und leget ganze Wälder flach.
Schmeißet um selbscht Kirchatürme,
holet Ziegl ra vom Dach.

S'Wasser bricht die Schtaudämm nieder,
nimmt alles mit, was mir erschaffa
und lässt bei dene, die gerettet,
voll Trauer manche Lücke klaffa.

Selbscht dr Boda duad sich uff
und voschlingt mit heißem Schnauba
alles, was in Weg sich schtellt –
nix bleibt übrich, sell kannsch glauba.

Mir Menscha könnet bloß no schtauna,
wenn um uns alles nunderbricht,
mir moinet bloß, mir wär'n die Gröschte,
drbei sind mir nur Leichtgewicht.

In Wahrheit sind mir winzich kloi,
wenn's recht siehsch null und nichtich,
doch lerna duan mir halt nix draus –

mir nehmet uns zu wichtich!

Geborgaheit

Wenn i selber über mei Kinderzeit noochdenkt, no hinterlasset doch oft die kloinschte Sacha die allergröschte Eidrück.

Als Kind, do hab i a Plätzle ghett. A Plätzle, wo i mi am liabschta uffghalta hab. Und i glaub, des war net bloß bei mir so und isch vielleicht au ogebora, dass mr sich als Kind gern wo nei voschlupft und sich wo nei voschteckelt.

Für mi war do mei ‚Lägerle'. Aus Kissa und Bettdecka, aus alte Karto und Tischtücher und halt aus allem, was i so vowischt hab, hab i mir in meim Zimmer mei oigas klois Reich bäschtelt. Do drin war i im Glück! A Mickymaus-Heftle, a Taschalämple und vielleicht no ebbes zum schlecka. Do hab i's aus halta könna.

So a Lägerle, wo's so richtich duschter und a bissle uheimlich gwä isch, des hat wirklich sein Reiz ghett. Wenichschtens solang, wie's draußa hell war. Aber obends, wenn's dann langsam dunkel worda isch, hab i nimme in meim Lägerle hocka wella. Do war's dann bei dr Mama und beim Baba im Wohnzimmer oder in dr Küch viel schöner.

Die Obendzeit und bsonders die kurze Zeit vor'm Fernseh isch mir als Kind immer viel zu schnell vorbeiganga. Kaum, dass gveschpert gwä isch, isch au scho s'Sandmännle komma und i hab ins Bett solla. Ins Bett liega und schlofa, obwohl i gar net müad gwä bin und bloß, weil's d'Eltern so von mir gwellt hent. Mit meh oder weniger viel Vozögerungstaktik, nach oi bis zwei Guatnachtgschichtla und nach'm Obendgebet bin i dann in meim Bett glega und hab net schlofa könna. In meim dunkla Zimmer, so ganz alloi, hab i mi oifach net wohlgfühlt.

Wie oft bin i net als Kind im Schloofozügle und bar-füßich zu meine Eltern däbbelt und hab bittelt und bettelt, ob i net no a bissle uffbleiba derf. Meischtens hab i noch a Viertelschtündle rausgschunda, aber meh isch net ganga. Natürlich hab i's weiter probiert, immer weiter probiert, solang rumgmacht, bis dann endlich dieser erlösende Satz gschprocha worda isch: „Also guat, du derfsch ins Gräbele liega."

Ins Gräbele liega!! Wie glücklich war i doch do. Ins Gräbele neiliega dürfa, so richtich neischlupfa und mi alloi von der Enge zwischa dene beide Matratza sicher und geborga fühla. Des hat mir scho was geba – do war i Kind!

Manchsmol au, wenn's gwittert hat oder wenn i oifach net hab schlofa könna, do war des Gräbele die Rettung. S'Allerschönschte war natürlich, zwischa Baba und Mama neiliega dürfa und net ins eigene Bett müassa. Do hätt ringsrum d'Welt unter-geh könna, so mittadrin, so geborga, wär alles egal gwä.

Heutzudag isch die Sach mit dem Gräbele scho schwiericher. In viele Neschter gibt's überhaupt koi Besucherritze meh. Heut hat mr durchgehende Matratza oder gar Wasserbetta. Do duat mr sich mit neischlupfa schwer. Do könnt mr sich als Kind selbscht mit Gwalt koi Gräbele graba, ohne dass net uff oimal n'Schpringbrunna hochgeh däd.

Ob die heutige Bettavokäufer überhaupt no wisset, uff was es bei ra Liegeschtätte okommt? Liegekomfort, Schweißuffsaugfähichkeit, Wirbelsäulaentlaschtung – aber eba net zu vogessa, diese besagte Neischlupfmöglichkeit.

I moin oifach, s'wär doch viel gscheiter, mir sind vielleicht a bissle altbacket und kaufet uns Betta mit Gräbele, als dass unsre Junge heut bis dusala vor d'Glotzkischta hocket. Ja und selbscht, wenn'd als Erwachsener mol ins Gräbele liegsch, ja hoppla, ums Numgugga bisch deim Schätzle so viel näher wie vorher – und oifach glücklich.

Ja, s'schteckt so viel Guat's zwischa de Matratza, obwohl do eigentlich gar nix isch.

Eigentlich sind's die uscheinbare Sacha, wo's Leba ausmachet.

d'Ebira

(je nach Region auch: Grombira, Bodabira, Erdäpfel...
oder auf Hochdeutsch: Die Kartoffel)

Dreckich, bollich, schrumpelich
liegt sie drunt im Keller.
Drauß isch's wüascht, saukalt und nass,
doch die Däg wer'n heller.

Ganz langsam macht se d'Äugla uff,
glotzt zum Kellerfenschter nuff.
Doch leider heißt's noch warta,
denn erscht, wenn's wieder Frühjohr wird,
no derf se vielleicht schtarta.

Erscht wenn dr Boda aufdaut isch
und Tempratura schteiga,
no duat mr (also wenn mr hat)
sei Gärtle vorbereita.

Mr richt die Beetla akkurat,
zieht Reihla für dr Sama
und d'Kinder könnet insgeheim
scho von de Breschtling drama.

Zerscht gelbe Riaba und Radies,
die frühe Sämereia,
no endlich kommt au d'Ebirn dro,
manchsmol gar erscht im Maia.

Jetz bsinnt se sich, die Knollafrucht
uff ihre innre Schtärke
und mit viel Mut und Energie
geht sie alsbald ans Werke.
Und scho nach zwei, drei Wocha bricht
sie schtark heraus ans helle Licht.

Doch drunt im Boda fällt se zamma
und d'Äugla werdet trüb und faul.
Die Schuldichkeit, die isch getan,
wie bei ma Ackergaul.

Sie hält au no in ihrem Tod
die Fäda fescht und lässt net los.
Doch geb dir keine Blöße,
denn wenn du denksch, was soll des bloß,
dann isch es eba die Natur –
sie zeigt dir wahre Größe.

Die Böbbela, die werdet größer,
des Band zur Muadr trocknet aus.
Ja, selber macht a jeds scho Junge
und gründet so a oignes Haus.

Des Laub wird gelb, die Ernte naht,
mr kommt mit Karscht und Körben,
holt aus und wirft die Frucht ans Licht
und koine soll verderben.

Manchsmol sieht mr no oine liega
von dene Muadrknolla,
doch koiner nimmt se jetz in'd Hand,
denn schtinka duad dr Bolla.

A manches geht im Leba so,
grad so, wie hier beschrieba.
A manch's au net und des isch guat,
sonscht wär's au übertrieba.

Drum, wenn du heut in Keller gehsch
und holsch die braune Knolla,
no hoff i, dass du jetz vostehsch,
wenn du greifsch aus'm Volla.

Sei dankbar, wenn du hola kannsch,
was dir dr Boda schenkt,
doch denk dr au, wie's meglich isch
und wer dr Kreislauf lenkt.

* * *

„…s'wird scho so sei müassa,
sonscht wär's net so…"

Es kann einer kein Schwabe sein –
und trotzdem ein rechter Mensch

„Dr Schwob, des isch'n guater Mensch",
so denkt'r von sich schtolz,
„und s'Muschterländle – au net schlecht,
des isch aus gsundem Holz."

Schaffich, fleißich, brauchbar helt,
so isch der Menschaschlag,
der so viel leischtet uff dr Welt
an jedem neua Dag.

Überall wo Schwoba sind,
in China und am Nil,
do wird was gschafft, do geht was ab,
do braucht mr fei koi Brill.

Drbei vogisst dr Schwabe nie,
wo er gebora war,
was ihm sei Heimatländle isch,
so traut und wunderbar.

Er lernt an manchem Orte
wie groß dr Unterschied,
net nur im fremda Worte,
net nur im fremda Lied.

Doch er gesellt sich gern drzua
zu allem, was ihm neu.

Vor allem, was ihm fremd erscheint,
do zeigt'r keine Scheu.

So hat er Menschakenntnis
wie fascht koin ondrer Schtamm.
Er lernt und saugt, was an ihn dringt,
ein – wie ein trockner Schwamm.

Ja, er geschteht ganz gönnerhaft,
was mr daraus gewinnt:
„S'gibt rechte Menscha uff dr Welt,
die koine Schwoba sind."

Bisher erschienen:

dr Schwobaseckel Band 1	ISBN 3-9806999-1-9
dr Schwobaseckel Band 2	ISBN 3-9806999-0-0
dr Schwobaseckel Band 3	ISBN 3-9806999-2-7
Rotzböbbela	ISBN 3-9806999-3-5
Saitawürschtla	ISBN 3-9806999-4-3
Betthupferla	ISBN 3-9806999-5-1
Gedanka-Breggela	ISBN 3-9806999-6-X
auf dr Sau naus!	ISBN 3-9806999-7-8
Schwäbische Sketch-Parade	ISBN 3-9806999-8-6
no nix Narret's!	ISBN 3-9806999-9-4
kloine Wunder – Bildband	ISBN 978-3-9811-4950-0
kleine Wunder – Bildband hochdeutsche Ausgabe	ISBN 978-3-9811-4951-7
boggelhart und windelweich	ISBN 978-3-9811-4952-4
guat gmoint und saudumm gloffa	ISBN 978-3-9811-4953-1

Der große ‚Schwobaseckel'   ISBN 978-3-9811-4954-8

Schwäbische Volltreffer   ISBN 978-3-9811-4955-5
Hörbuch-CD

i glaub, s'geht los!   ISBN 978-3-9811-4956-2
(erscheint im September 2010)

Weitere Titel in Vorbereitung...

Zu erhalten im Buchhandel oder direkt beim
Verlag Albeck, Kirchgasse 14, 74223 Flein

*

Tauchen Sie auch auf unserer Internetseite
www.saitenwurscht.de in die Vielfalt unseres
Angebotes ein. Dort können Sie unsere Bücher auch
direkt in unserem ***online-shop*** bestellen.

Herzlich willkommen!

…und ob Sie des Buach jetz selber kauft oder gschenkt kriagt hent – egal. Hauptsach, Sie könnet über die oi oder onder Gschicht oder übers oine oder ondre Gedicht herzhaft lacha, vielleicht au mol drüber noochdenka. Und wenn irgendebbes drvo hänga bleibt, umso schöner …

In diesem Sinne grüßt Sie herzlich Ihr

Wilfried Albeck